KB193631

Z세대 트렌드 2025

일러두기

1. 이 책에 등장하는 인명, 기관명, 상표명, 신조어 등의 외래어는 국립국어원의 표기법을 따르되 일부 신조어는 입말에 따라 예외로 표기했습니다.
2. 이 책의 자료는 책을 집필한 2024년 7~9월을 기준으로 참고했습니다. 자료의 출처는 부록에 명시했습니다.
3. 세대별 구분에 관한 명확한 기준은 없으나 1980년대 초반~1990년대 중반 출생한 세대를 밀레니얼세대, 1990년대 중반~2000년대 후반 출생한 세대를 Z세대로 분류했습니다. 이 책에서는 1996~2009년 출생한 Z세대에 집중했습니다.

Z세대 트렌드 2025

포지티브 모멘텀, 불안의 시대를 지나는 Z세대의 생존법

대학내일20대연구소 지음

위즈덤하우스

서문

불안의 시대를 살아가는 자세

네잎클로버 흥행은 <눈물의 여왕> 덕분일까?

요즘 지하철역 입구나 대학가에 새로이 등장한 풍경이 있다. '네잎클로버 아저씨'다. SNS, 당근 앱의 동네생활 게시판 그리고 전국 대학생이 애용하는 에브리타임 앱에는 "네잎클로버 아저씨 언제 오시는지 아는 분?"이라는 글이 종종 올라온다.

네잎클로버 아저씨? 어디선가 본 거 같은데… 기시감이 든다. 맞다. 2024년 봄, 전국 시청자의 마음을 달군 tvN 드라마 〈눈물의 여왕〉에서 봤다. 이 드라마에는 네잎클로버 키링을 파는 노점상이 등장했는데 네잎클로버는 남녀 주인공이 힘든 순간에도 앞으로 나아가는 힘이자 희망과 행복을 찾으려는 두 사람의 의지를 상징하는 중요한 요소였다.

과연 네잎클로버 열풍은 〈눈물의 여왕〉이 불러왔을까? 대학내일20대연구소가 2023년 9월 발간한 〈굿즈 문화 빅데이터 트렌드 분석〉 보고서를 보면 2022년부터 일상의 행운을 비는 수단으로 네잎클로버가 많이 언급된 것을 확인할 수 있다. 네잎클로버로 행운을 기원하는 마음은 드라마 이전에 이미 시작됐다.

유행템, 유행어, 인기 콘텐츠는 때로 그 시기를 살아가는 사람들의 니즈를 대변한다. 그럼 Z세대는 정말 행운이 필요했던 것일까?

지금 우리를 불안하게 하는 것들

"호황이 뭔지 모르겠어요."

어느 날, 설문 조사 설계 회의를 하던 중 우리 팀 막내 인턴이 이런 말을 했다. 기성세대는 지금이 지독한 불황이라 말하지만 생각해보면 불황은 언젠가 다시 호황이 오리란 의미와 기대를 동반하는 단어다. 하지만 Z세대는 호황을 경험한 적도 없을뿐더러 앞으로 호황이 다시 올 가능성조차 낮은 세상을 살고 있다. 경제성장도 인류 발전도 다음 세대에 기대 지속되는 법인데 이제는 경제도 인구도 서서히 내리막으로 가는 '우하향 시대'에 접어들었다. 심지어 기댈 수 있는 다음 세대도 없는데 120세까지 살아야 할지 모른다. 삶의 유지 가능성에 대한 불안이 생긴다.

메뉴가 너무 많은 가게에서 주문이 힘들었던 기억이 있는가? 혹은 넷플릭스에서 스크롤을 올렸다 내렸다 하며 무엇을 볼지 탐색만

하다가 결국 선택하지 못하고 앱을 닫아버린 경험이 있는가? Z세대 앞에 놓인 상황이 이와 같다. 상품도 브랜드도 직업도 삶의 방식도 선택지가 비교적 단순하고 대세나 정답이 있었던 과거와 달리 초개인화 시대인 지금은 삶의 모든 영역에서 선택지가 너무 많다. 매번 선택을 해야 하고 매사 수많은 선택지를 살펴보고 그중 무엇이 최선일지 판단해야 한다. 선택에 대한, 선택으로 인한 불안이 생긴다.

불안과 럭키비키의 상관관계

2021~2023년, Z세대는 '오히려 좋아', '중꺾마(중요한 것은 꺾이지 않는 마음)'를 외쳤다. 2024년에는 '원영적 사고'와 '행집욕부(행복에 집중하기 욕심부리지 않기)', '짜않투않(짜증 내지 않기 투덜대지 않기)'을 외친다. 내게 닥친 힘든 현실과 불행을 한편으로 흘려보내고 그럼에도 열심히 행복하게 살아보겠다는 의지가 담긴 유행어다. 〈눈물의 여왕〉 네잎클로버처럼 말이다. 그러니까 Z세대에게 필요한 것은 행운이라기보다 '긍정력'이다. 내면의 불안에 대비하고 이를 상쇄하기 위한 수단으로 긍정의 힘이 필요한 것이다.

불안이 지금 세대에만 존재하는 것은 아니다. 불안은 인간의 본능에 가깝다. 불안하기 때문에 공부를 하고 불안하기 때문에 일을 하고 불안하기 때문에 타인과 관계를 맺고 살아간다. 그래서 인간에게 내재한 불안은 인간이 살아가는 원동력이기도 하다. 이 관점에서 보면 Z세대에게 긍정력은 자신의 삶을 주체적으로 만들어가게 하는 힘이라 할 수 있다.

대학내일20대연구소는《Z세대 트렌드 2023》에서 초개인화 시대를 살아가는 Z세대 특성으로 '하이퍼 퍼스낼리티'를,《Z세대 트렌드 2024》에서는 초개인화 시대에 필요한 역량으로 '트라이브십'을 꼽았다. 이번《Z세대 트렌드 2025》에서는 우하향 시대이자 초개인화 시대를 살아가는 자세로 '포지티브 모멘텀Positive Momentum'을 제시하고자 한다.

포지티브 모멘텀, 우리 모두에게 필요한 자세

가끔 SNS나 온라인 커뮤니티에서 특정 대상이나 집단, 사건에 대해 갑론을박이 벌어지는 것을 보면 갈등과 혐오의 시대라는 생각이 들 때가 있다. 또 때로는 청년 고립, 관계실조•, 우울증 증가와 같은 문제를 다룬 기사를 읽으면서 참 외롭고 각박한 세상이라는 생각이 들기도 한다.

포지티브 모멘텀은 우리말로 하면 '긍정의 동력'이라고 할 수 있다. 모멘텀은 운동량, 탄력, 가속도, 추진력, 기울기, 추세 등의 의미를 가진 단어다. Z세대의 긍정적 사고관을 표현한 키워드지만 갈등, 외로움, 불안으로 가득한 우리 사회가 긍정의 추세와 기울기

• 사단법인 오늘은이 발간한 <2024 청년세대 관계실조 보고서>에서 청년들의 관계를 정의한 용어. 다양한 방식으로 다양한 대상과 관계를 맺고 있지만 정작 필요로 하는 의미 있는 관계는 결핍된 상황을 의미함

를 가질 수 있기를, 긍정의 기운이 탄력받길 바라는 마음을 함께 담았다.

매년 서문을 통해 세대를 보는 일은 미래를 보는 일이고 세대를 이해하면 시대 변화를 읽을 수 있다는 메시지를 반복해서 전하고 있다. 올해는 이에 더해 세대와 함께해야 미래가 있다는 말을 전하고 싶다.

지속가능한 미래를 위해 우리 모두 긍정의 동력을 가질 수 있길 희망하며, 이 책이 그 동력에 가속도를 붙여주길 바란다.

대학내일20대연구소 소장 호영성

Contents

ISSUE 4. 낭만 리부트:
다시 변하지 않는 낭만을 추구하다

PART 2. 트렌드가 보이는 변화의 모먼트

MOMENT 1. 추구미:
Z세대 트렌드 코어

MOMENT 2. 뉴 로컬리티:
지역을 경험하는 방법의 변화

MOMENT 3. 라이트 팬덤:
나만의 재미를 발굴해 즐기다

MOMENT 4. 알파세대:
경험이 자산이 되는 알파세대

PART 1.

2025 Z세대 트렌드 이슈

ISSUE 1.

포지티브 모멘텀

긍정적 사고로 시대의 불안을 다루다

원영적 사고, 행집욕부,
'나락도 락이다', '이게 낭만이지'… Z세대 사이에서
많이 향유되는 신조어와 밈, 트렌드를 보면
그 시대를 살아가는 이들이 추구하는 지향을 확인할 수 있다.
장기 불황을 넘어 영원한 불황이 예상되는 시대,
미래가 더 나아지리라는 기대도 높지 않고
일상은 더 팍팍해지기만 한다.
하지만 Z세대를 관통하는 감성은
좌절이나 자조가 아닌 긍정적인 마음가짐이다.
불안의 시대, 변하지 않는 본질적인 것을 좇으며
코어를 단단히 만들어가는 Z세대의 모습을 살펴봤다.

CHAPTER 1.

'이생망'이 아니라 럭키비키를 외치는 이유

2024년 Z세대 사이에서 많은 공감을 산 신조어나 밈을 하나만 꼽는다면 단연 원영적 사고를 들 수 있다. 원영적 사고란 아이돌 그룹 아이브IVE 멤버 장원영의 사고방식을 뜻하는 말로 '내게 일어나는 모든 일이 결국 긍정적인 결과로 이어질 것'이라고 생각하는 초超긍정적 사고를 의미한다. 이런 원영적 사고가 특히 잘 드러난 영상이 2023년 9월 아이브 공식 유튜브에 올라온 스페인 브이로그다. 스페인을 찾은 장원영은 유명 베이커리의 빵을 사기 위해 줄을 섰는데 그의 바로 앞에서 사려던 빵이 다 떨어져버렸다. '왜 하필 내 앞에서 끊기지?' 하고 부정적으로 생각할 수도 있지만 장원영은 달랐다.

> "앞사람이 제가 사려는 팽 오 쇼콜라를 다 사 가서, 너무 럭키하게 제가 새로 갓 나온 빵을 받게 됐지 뭐예요? 역시 행운의 여신은 나의 편이야!"[1]

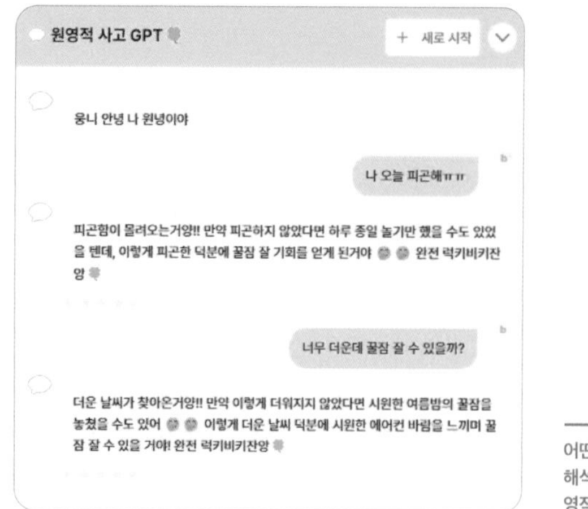

원영적 사고 GPT
새로 시작
웅니 안녕 나 원녕이야
나 오늘 피곤해ㅠㅠ
피곤함이 몰려오는거양!! 만약 피곤하지 않았다면 하루 종일 놀기만 했을 수도 있었을 텐데, 이렇게 피곤한 덕분에 꿀잠 잘 기회를 얻게 된거야 완전 럭키비키잔앙
너무 더운데 꿀잠 잘 수 있을까?
더운 날씨가 찾아온거양!! 만약 이렇게 더워지지 않았다면 시원한 여름밤의 꿀잠을 놓쳤을 수도 있어 이렇게 더운 날씨 덕분에 시원한 에어컨 바람을 느끼며 꿀잠 잘 수 있을 거야! 완전 럭키비키잔앙

어떤 상황을 입력하든 긍정적으로 해석해주는 '원영적 사고 GPT'_원영적 사고 GPT 이용 화면

원영적 사고는 부정적인 상황을 애써 회피하거나 합리화하는 것과는 다르다. 오히려 부정적인 일도 긍정적인 결과에 이르기 위한 과정으로 받아들이고 힘든 상황에서도 행운이나 행복을 찾아 결국 긍정적인 결과를 쟁취하는 사고방식이다.

정신승리를 넘어 진정한 승리에 이르는 원영적 사고는 Z세대의 공감을 사며 빠르게 확산했다. 한 팬이 원영적 사고를 정리한 글에 활용한 "완전 럭키비키• 잖아"라는 문구가 대표 밈이 돼 퍼지기도 하고 어떤 상황을 입력하든 긍정적으로 해석해주는 원영적 사고 GPT 챗봇이 등장하기도 했다.

• 행운을 뜻하는 럭키Lucky와 장원영의 영어 이름 비키Vicky의 합성어. 비키 대신 자기 이름이나 닉네임을 넣어 '럭키○○'으로 표현하기도 함

긍정적 사고를 모으고 체화하는 Z세대

이뿐 아니라 Z세대는 원영적 사고와 유사한 긍정적 사고방식을 '○○적 사고'라는 뚜렷한 지향이 담긴 구체적 사고관으로 정의하고 있다. '내 인생이 점점 버라이어티해지는군. 얼마나 잘되려고 이럴까?' 하며 힘든 상황을 긍정적으로 이겨내려는 '우희적 사고', '잔디가 안 좋잖아? 좋다고 생각하면 돼' 하는 '흥민적 사고', '지금 안 될 것 같지? 내일 돼. 내일 안 되잖아? 모레 돼. 어떻게든 돼' 하며 계속 노력하는 '혜리적 사고', 무엇이든 입에 넣고 보는 펠리컨처럼 일단 시도부터 하자는 '펠리컨적 사고'가 대표적이다.

또 '나도 부족하지만 남도 별거 아니다' 하며 스스로를 다독이는 '효진적 사고'나 '오늘 메달은 오늘까지만 즐기겠다' 하며 승리에 자만하지 않는 '우진적 사고'까지 2024년 파리 올림픽에 임하는 선수들의 마음가짐도 ○○적 사고관이 됐다. 긍정적으로 바라보는 사고방식, 일단 도전하는 태도, 일희일비하지 않는 마음가짐 등 Z세대가 힘든 상황을 이겨내는 데 필요하다고 여기는 사고관이 다양한 ○○적 사고로 정의돼 확산하는 중이다.

주목할 점은 ○○적 사고가 단순히 밈으로 소비되는 데 그치지 않는다는 것이다. 힘든 상황을 이겨낼 수 있는 긍정적 사고방식과 태도를 자기 것으로 만들려는 Z세대의 모습도 눈에 띈다. Z세대는 구체적이고 세분화된 지향을 보여주는 각각의 ○○적 사고 중 내가 처한 상황이나 추구하는 지향과 맞닿은 것을 골라 자신의 사고관

자신이 처한 상황과 추구하는 지향에 맞는 ○○적 사고를 닮고자 노력하는 모습_X의 ○○적 사고 관련 글 재구성

으로 삼는다. 안 풀리는 과제 때문에 스트레스를 받을 때는 어떻게든 된다는 혜리적 사고를, 잘해내고 싶지만 상황이 안 좋을 때는 흥민적 사고를 되뇌며 마음을 다잡고 긍정적 사고방식을 체화하고자 노력한다.

이 밖에도 힘든 상황을 이겨내는 긍정적 태도를 키우려는 Z세대의 움직임은 계속됐다. 대표적인 것이 Z세대 사이에서 큰 인기를 끈 행집욕부 밈이다. 이 밈은 크리에이터 셍이가 올린 인스타그램 스토리에서 시작됐다.

셍이는 최근 자신이 행복에 집중하지 않고 욕심을 부리다가 스트레스를 받는다고 생각해 "행집욕부!"라고 외치는 영상을 찍어 스토리에 올렸다. 하루를 긍정적으로 보내기 위한 힘찬 다짐이 담긴 이 스토리는 큰 인기를 끌었고 셍이는 팔로워 요청으로 릴스 영상까지 만들었다. "행집욕부! 행집욕부! 행복에 집중하기! 욕심부리지 않기!"라는 다짐을 외치는 〈나를 위해 매일 긍정 갈기기〉 영상은

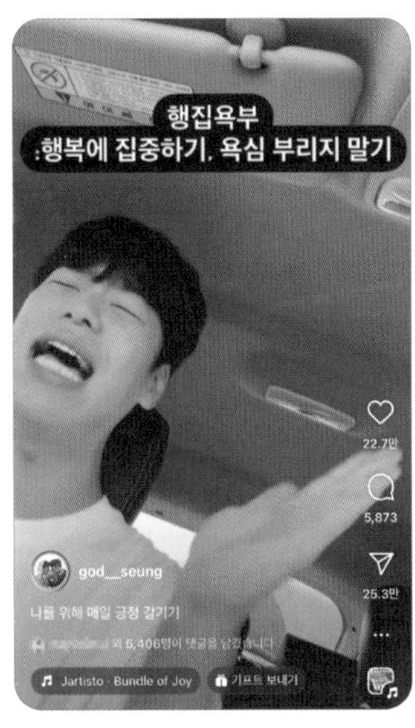

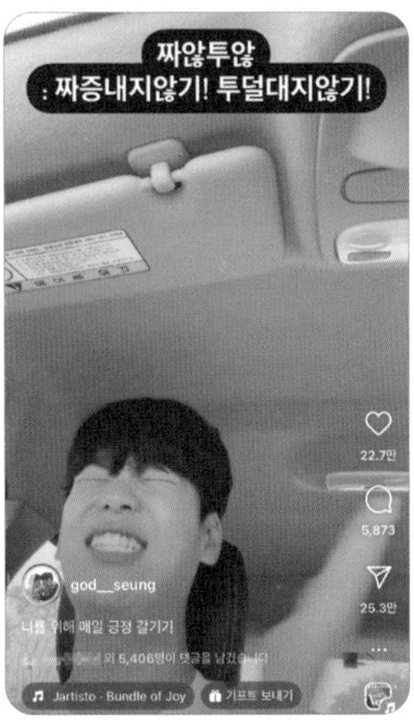

하루를 긍정적으로 보내려는 마음가짐이 담긴 셍이의 〈긍정 갈기기〉 릴스_인스타그램 @god__seung

조회 수 819만 회(2024년 8월 기준)를 기록하고 있다. 그 이후에도 짜않투않, '하해안어(하기 싫어도 해야지, 안 하면 어쩔 거야)', '좋가행만(좋은 일만 가득 행복한 일 만땅)'처럼 이른바 '사자셍어•'가 계속 만들어지며 인기를 끌었다.

이렇게 셍이의 〈긍정 갈기기〉 영상이 인기를 끈 이유도 긍정적 사고를 키우려는 Z세대의 니즈와 맞닿아 있다. Z세대는 셍이를 따라 긍정 갈기기 챌린지를 하기도 한다. 긍정적인 마음가짐을 외치며 하루를 시작하면서 조금이라도 그런 태도에 가깝게 살아갈 것

• 사자성어와 크리에이터 셍이의 합성어. 크리에이터 셍이가 만든 행집욕부, 짜않투않 등의 밈을 이야기함

을 다짐한다. 또 나만의 다짐을 담은 사자성어를 직접 만들고 모토로 삼는 모습까지 보인다.

지금 이 시대 불안을 다루는 힘, 긍정적 사고

사실 Z세대가 긍정적 사고관을 추구한 것은 2024년만의 일이 아니다. 2020년대부터 긍정적 사고를 담은 신조어와 밈이 Z세대 사이에서 지속적으로 인기를 끌었다. 매년 그 해를 대표하는 밈이 있을 정도다.

2021년에는 오히려 좋아와 도쿄 올림픽 선수단을 응원할 때 많이 쓰인 '가보자고', 2022년에는 롤드컵 명언으로 남은 '중요한 것은 꺾이지 않는 마음'이 있다. 2023년에도 하기 싫거나 어려운 일도 회피하지 말고 해내자는 마음가짐을 담은 '그래도 해야지 어떡해'와 절망적인 상황도 긍정적으로 받아들이자는 의미를 담은 나락도 락이다 같은 유쾌한 밈이 인기를 끌었다. 2024년에는 앞서 소개한 원영적 사고와 행집욕부 같은 긍정적 사고를 담은 밈이 계속 유행 중이다. Z세대 사이에서 이런 긍정적 사고관이 두드러지게 나타나는 이유는 무엇일까?

특정 시대에 많은 공감을 사며 발화된 신조어와 밈에는 그 언어를 사용하는 세대가 그 시대를 어떻게 생각하고 받아들이는지, 어떤 태도로 살아가고자 하는지가 담겨 있다.

10년 전을 떠올려보자. 2015년 20대였던 밀레니얼세대 사이에

긍정적 사고방식이 담긴 Z세대 밈 계보

긍정적 사고가 담긴 2020년대 신조어와 밈

시기	유행어·밈	뜻·유래
2021년	오히려 좋아	· 예상치 못한 일이나 부정적인 상황을 긍정적으로 받아들이기 위해 사용하는 말 · 아프리카TV나 카카오TV의 게임 방송에서 쓰기 시작한 용어로 게임이 안 풀릴 때 "오히려 좋아"라며 긍정 회로를 돌리던 데서 유래함. 이후 스트리머 침착맨이 라이브 방송에서 입버릇처럼 사용하며 대중화함
	가보자고	· 결과를 따지거나 주저하지 말고 목표에 일단 도전하자는 말 · 아이돌 팬덤에서 유래된 용어로 2021년 도쿄 올림픽에서 선수들을 응원하는 데 활용되며 확산함
2022년	중요한 것은 꺾이지 않는 마음	· 실패나 위기가 있어도 포기하지 않고 계속하는 것이 중요하다는 마음가짐. 이를 '중요한 것은 꺾여도 그냥 하는 마음'이라고 재해석한 밈도 많은 공감을 삼 · 2022년 롤드컵 8강 대결을 앞두고 DRX의 데프트 선수가 인터뷰에서 "우리끼리 무너지지 않으면 충분히 이길 수 있을 것이다"라고 한 말을 기자가 '중요한 것은 꺾이지 않는 마음'이라고 요약해 올린 데서 유래. 이후 하위 팀이었던 DRX가 우승하며 이들의 감동 서사를 대표하는 말이 됨
2023년	그래도 해야지 어떡해	· 하기 싫거나 어려운 일도 회피하지 말고 어떻게든 해내자는 마음가짐을 담은 말 · '그래도 해야지 어떡해' 하는 태도로 할 일을 해내는 유명 인사의 모습을 담은 숏폼이 인기를 끌며 확산함
	나락도 락이다	· 나락도 록Rock의 하나라는 언어유희로 절망적인 상황도 긍정적으로 받아들이자는 다짐을 담은 말
2024년	원영적 사고	· 아이돌 그룹 아이브 멤버 장원영의 사고방식을 뜻하는 말로 자신에게 일어나는 모든 일이 결국 긍정적인 결과로 이어진다는 초긍정적 사고를 의미함
	행집욕부	· '행복에 집중하기 욕심부리지 않기'의 줄임말로 하루를 긍정적으로 보내겠다는 다짐이 담긴 말 · 크리에이터 셍이의 <나를 위해 매일 긍정 갈기기> 영상이 공감을 사며 밈이 됐으며 짜않투않, 하해안어, 좋가행만 등 다양한 유사 표현이 있음

서 많은 공감을 사며 확산된 키워드는 헬조선, 이생망(이번 생은 망했다), 수저론 같은 좌절과 자조의 언어였다. 이 시기 사회에는 여전히 정답이라고 여겨지는 길이 있었다. 열심히 공부해서 좋은 대학에

들어가고 남들이 알아주는 직업을 갖고 결혼해서 안정적인 가정을 꾸리는 것이 누구에게나 인정받는 성공한 삶이었다. 기성세대는 호황기에 쌓아온 삶의 방식이 여전히 유효하다고 생각했고 밀레니얼세대는 부모 세대에게 이런 삶의 방식을 교육받고 자랐다.

하지만 2010년대 밀레니얼세대가 맞닥뜨린 사회는 이런 생각과는 달랐다. 2008년 글로벌 금융위기 이후 저성장 흐름이 뚜렷해지며 취업난은 극심해졌고 좋은 대학과 좋은 직장을 가기 위한 경쟁은 더욱 심화됐다. 공부만 잘하면, 스펙만 쌓으면 성공할 수 있다고 믿고 치열하게 노력했으나 사회 진출과 함께 그 기대는 무너졌다. 9대 스펙을 짱짱하게 쌓아도 취업은 어렵고 내 힘만으로 집을 사는 것도 이번 생에는 불가능해 보인다. 이런 현실과 이상의 괴리가 헬조선, 이생망 같은 좌절과 자조의 언어로 나타난 것이다.

이와 함께 막연하고 불확실한 미래보다 오늘에 집중하며 현재를 즐기는 'YOLOYou Only Live Once', 순간의 만족을 추구하는 '탕진잼'이나 '플렉스 소비', '소확행(소소하지만 확실한 행복)'을 챙기는 삶의 태도가 주목받았다. 또 실패해도 괜찮다고 위로를 전하는 힐링 에세이가 인기를 끌었고 덕업일치처럼 사회의 성공 기준에는 부합하지 않더라도 자신이 좋아하는 일을 하면서 사는 삶이나 N잡러, 딩크족, 비혼주의 등 다양한 삶의 모습이 조명받기 시작한 것도 이때였다. 실패에 대한 두려움, 성공은커녕 평균조차 달성하지 못하는 데 대한 불안이 오늘에 집중하거나 힐링을 찾거나 다양한 삶의 방식을 탐구하는 태도로 나타난 것이다.

10여 년이 지난 지금도 현실은 여전히 팍팍하다. 불과 몇 년 전

코로나19 팬데믹으로 일상이 멈추고 위협받는 큰 위기를 경험했다. 또 2~3%대의 낮은 경제성장률은 물론 고금리·고물가·고환율의 3고高로 밥 한 끼 사 먹는 일도 부담스럽게 느껴진다. 그러나 이에 대처하는 방식은 달라졌다. 앞서 살펴봤듯이 Z세대 사이에서는 긍정적 사고가 두드러진다. 힘든 일이 생기더라도 "오히려 좋아", "럭키비키잖아"라고 외치며 부정적 상황을 긍정적으로 받아들이려 노력한다. 실패나 고난이 예상되더라도 일단 한번 시도해보자는 마음으로 도전한다. 자조와 좌절이 두드러졌던 2010년대와는 확연히 다른 모습이다.

밀레니얼세대는 부정적이고 Z세대는 긍정적이기 때문에 생긴 현상이 아니다. 각자 어떤 배경에서 성장했고 지금 맞닥뜨리는 시대 불안이 무엇인지에 따라 태도가 다른 것이다. 밀레니얼세대에 비해 Z세대는 유연성이 높은 환경에서 성장했다. 유튜브 같은 1인 미디어, AI 등 새로운 산업이 급부상하며 꼭 대기업에 취업하지 않더라도 성공할 수 있는 다양한 기회와 길이 열렸다. Z세대의 부모세대 또한 과거보다 자녀의 자율성과 자존감을 중시하며 자녀가 하고 싶은 일을 찾아갈 수 있도록 교육하고 지원했다. Z세대는 어려서부터 스마트 스토어를 열어 10대 사장이 되거나 유튜브 크리에이터로 나서는 등 자신의 재능을 살려 정형화되지 않은 삶의 방식을 경험하고 탐구해왔다.

과거보다 삶의 방식과 선택지가 다양해진 것은 긍정적인 면도 있지만 불안도 가져왔다. 밀레니얼세대의 불안이 성공 기준에 이르지 못하는 데서 오는 것이었다면 지금 Z세대의 불안은 그때그때 눈앞에 닥치는 수많은 선택지 중 최선을 골라야 한다는 것이다. 점수를 잘 받거나 스펙을 잘 쌓으면 된다는 명확하고 간단한 해결책이 있던 과거와 달리 지금은 이렇게 하면 된다는 뚜렷한 답안지가 없다. 부모와 사회조차 답을 제시하지 않는다. 스스로를 이해하고 탐구하거나 일단 부딪혀보면서 자신이 좋아하고 잘할 수 있는 일을 찾으라고 이야기할 뿐이다. 이런 불안에 대응하기 위해 Z세대는 하이퍼 퍼스낼리티를 추구하거나 나를 적극적으로 분석하는 등 자신을 더 선명하게 이해하기 위해 노력한다. 또 '그래도 해야지 어떡해'나 '펠리컨적 사고'처럼 결과를 생각하지 말고 일단 시도해보자는 마음가짐으로도 나타난다.

이뿐만이 아니다. 장기 불황은 이미 뉴노멀New Normal이 됐다. 언젠가 다시 호황이 오리라는 기대는 옅어졌고 저성장과 장기 불황이 디폴트가 된 우하향 시대다. 앞으로 우하향이 예상되는 것은 비단 경제에서만이 아니다. 낮은 출생률과 고령화로 인구 절벽이나 지방 소멸이 대두되고 있고 미래 사회 인프라나 노후 삶을 지금 수준으로 유지할 수 있을지에 대한 불안도 커지고 있다. 또 환경오염과 이상기후도 더는 미래 문제가 아니라 오늘 일상에서 체감하는 위협이 됐다. 다시 기본적인 생존이 화두가 된 것이다. 즉, 경제는 물론이고 개인의 삶의 질도 우하향이 예상되는 시대다.

앞으로가 더 나아지리란 기대는 크지 않다. 오히려 지금 이 시점이 최고점일지 모른다. 작은 폭이더라도 점점 성장하는 것이 당연했던 시기를 지나 이제는 내리막을 버텨내야 한다.

그렇다 보니 현재의 좋은 상태, 온전한 상태를 유지하고자 하는 니즈가 두드러진다. 20대부터 노화를 예방하고 관리하는 '저속노화', '슬로우 에이징' 같은 라이프스타일이 주목받는 것도 그렇고, 시대를 대하는 방식이 자조가 아닌 긍정인 것도 같은 맥락이다.

오히려 좋아 같은 키워드는 부정적 상황을 긍정적으로 바라보는 태도지만 한편으로는 자기합리화나 현실에 대한 타협으로 느껴질 수도 있다. 주목해야 할 점은 비록 합리화하거나 타협할지라도 부정적 상태에 머물러 있지 않으려 한다는 것이다. 힘들거나 실패하더라도 자책하거나 좌절에 빠지지 않고 관점을 바꿔 긍정적인 면을 발견한다. 불행하다고 해서 좋지 않은 감정에 머물러 있는 것이 아니라 빠르게 그 상황을 벗어나 기분을 환기한다. Z세대에게 긍정적 사고란 우하향 시대에 지금의 온전한 상태를 유지할 수 있도록 도와주는 힘이다.

시대 불안에는 시대 감성이 녹아 있다

어느 시대나 불안은 있지만 불안의 핵심과 이를 대하는 태도는 각각 다르다. 1950~1970년대는 전쟁, 가난이라는 위협 속에서 일단 생존하고 육체의 안전을 지켜야 한다는 불안이 있었다. 1980~2000년대는 생존을 걱정하지는 않게 됐으나 급격한 발전으로 삶의 질이 높아지면서 경쟁에서 밀리는 것이나 남들보다 성공하지 못하는 것이 새로운 불안이 됐다. 이후 밀레니얼세대에게는 저성장과 불황이 심화하며 사회의 성공 기준을 충족하지 못하는 것에 대한 불안이 두드러졌다. 그리고 지금 Z세대의 불안은 그때그때 눈앞에 닥치는 수많은 선택지 속에서 최선의 선택을 내려야 한다는 것과 우하향 시대를 버텨내야 한다는 것이다.

시대의 위기와 변화에서 비롯된 불안은 부정적인 것이 아니다. 이는 사람들이 살아가는 원동력이자 삶에 닥칠 위협을 상쇄하는 힘이다. 또 시대에 내재한 불안과 이를 받아들이는 방식, 대하는 태도를 읽으면 그 시대 사람들이 추구하는 욕망, 니즈, 지향 같은 시대 감성을 알 수 있다. 그럼 Z세대가 추구하는 시대 감성을 중심으로 이들이 만들어가는 트렌드와 삶의 태도, 방식을 살펴보자.

먼저 긍정적 사고가 시대를 대하는 태도가 되면서 Z세대 사이에서는 긍정적 사고관과 맞닿아 있는 문화가 인기를 끌고 있다. 대표적인 예로 '행운'을 들 수 있다.

2022년부터 Z세대 사이에 네잎클로버 모양 키링이나 부적 굿즈를 선물하며 서로의 행운을 빌어주는 문화가 형성됐다. 키링이나 부적에 담긴 의미는 거창하지 않다. 시험을 잘 보길 바라거나 여행 갈 때 날씨가 좋길 비는 등 소소한 행운을 기원한다. 대박이 터지길 바란다기보다 작은 불행이 더 커지지 않고 지나가길, 일상에 작은 행복이 있길 바라는 마음에 가깝다.

이런 문화는 어느덧 트렌드로 자리 잡았다. 네잎클로버나 행운을 콘셉트로 한 제품, 서비스가 지속해서 인기를 끌고 있으며 최근에는 노플라스틱선데이의 '태그미 럭키 키링'이 품절템으로 화제가 되기도 했다. 태그미 럭키 키링은 네잎클로버를 모티브로 한 키링으로 NFC가 탑재돼 있어 태그하면 매일의 운세를 알려준다. 운

매일 운세를 확인할 수 있는 태그미 럭키 키링

세를 확인하며 작은 불안을 상쇄하고 긍정적 마음가짐을 가꿀 수 있다는 점이 Z세대에게 큰 매력으로 작용했다.

또 다른 문화는 '불교'다. 최근 Z세대 사이에서 '서울국제불교박람회'는 꼭 가보고 싶은 박람회로 꼽힌다. 색다르고 신선하며 힙• 한 불교를 경험할 수 있기 때문이다. 2024년 4월 열린 서울국제불교박람회는 전년보다 사전 등록자가 4배, 현장 방문 관람객이 3배 늘었으며 관람객 80%가 2030세대였다.[2] 불교박람회가 열리는 주말에는 X나 인스타그램에 끊임없이 후기가 올라온다. 후기는 하나

• 유행에 민감하고 인기가 많음을 의미하는 단어로 '힙하다', '힙한 ○○'으로 사용됨

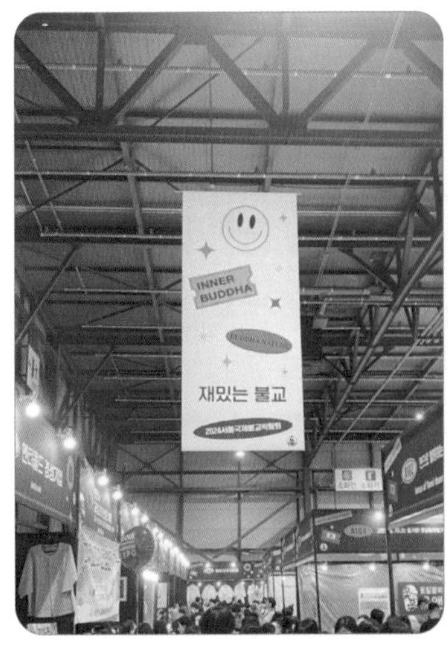

Z세대 사이에서 힙하다고 화제가 된 서울국제불교박람회_대학내일 김다희

같이 '너무 힙하다!'는 반응이다. '깨닫다', '극락도 락이다', '번뇌 멈춰'처럼 Z세대가 공감할 만한 밈이 적힌 굿즈, 마애부처님AI에게 하는 고민 상담, 뉴진스님(개그맨 윤성호)의 디제잉 공연까지 기존 불교의 이미지와는 다른 모습이 신선하고 힙하게 다가온다.

Z세대가 불교에 반응하는 것은 불교가 젊어졌거나 힙해졌기 때문만은 아니다. 이런 행사나 템플스테이 등을 통해 불교를 경험하며 느낀 이미지나 철학이 Z세대의 지향과 일치하는 면이 있기 때문이다. 불교 행사의 변화에서 Z세대는 엄숙하고 딱딱한 이미지를 내려놓고 젊은 트렌드와 변화를 받아들이는 유연함을 느낀다. 또 모든 것은 내 마음가짐에 달렸다는 불교의 가르침, 템플스테이를 체험하거나 절에 방문했을 때 느낄 수 있는 평안함과 여유로움 같은

이미지가 긍정적 마음가짐으로 하루를 온전히 잘 보내고자 하는 지향과 맞닿아 있어 더 관심을 갖고 반응하는 것으로 보인다.

이처럼 Z세대가 향유하고 반응하는 신조어, 밈, 트렌드 현상에는 우하향 시대를 버텨낼 긍정적 사고를 키우고자 하는 태도가 진하게 배어 있다.

CHAPTER 2.

다시 철학의 시대

앞서 Z세대의 불안 요인으로 삶의 선택지가 많아진 환경을 이야기했다. 과거에는 이렇게 살면 된다는 모범 답안이 있었고 고민할 선택지가 지금처럼 많지 않았다. 그러나 지금은 선택지가 너무나도 다양하다. 평생직장이라는 것은 없어졌고 취업을 해도 끊임없이 커리어를 고민하고 만들어가야 한다. 또 N잡 시대다 보니 본업 외에 다양한 사이드 프로젝트나 부업을 하는 경우도 많다. 꼭 해야 하는 것은 아니지만 하나의 직업만으로 사는 것이 불안하기도 하다. 직장인이 아니라도 사업가, 인플루언서 같은 수많은 대안이 있고 대학을 꼭 가지 않아도 된다고 생각할 정도로 10대 시기 진로의 선택지가 다채로워졌다. 어디서, 어떻게 시작해야 할지부터 앞으로 어떤 커리어를 만들어갈지까지 매 순간 고민하고 선택해나가야 하는 분위기다. 이런 가운데 Z세대가 관심을 갖는 것이 있다. 바로 '철학'이다.

베스트셀러가 된 철학서

2024년 Z세대 사이에서 철학서가 주목받았다. 특히 쇼펜하우어가 인기다. 2024년 상반기 베스트셀러 종합 1위에 오르기도 한《마흔에 읽는 쇼펜하우어》라는 책을 시작으로 다양한 쇼펜하우어 책이 20대의 선택을 받았다. 실제로 독서 플랫폼 밀리의서재에서 쇼펜하우어 관련 도서《쇼펜하우어 인생수업》과《당신의 인생이 왜 힘들지 않아야 한다고 생각하십니까》를 읽은 사람 중 2030세대의 비율이 높았다.[3]

염세주의 철학자로 불리는 쇼펜하우어는 '인생은 고통'이라고 말했다. 고통이야말로 삶의 본래 모습이며 쾌락이나 행복은 고통이 사라졌을 때 잠시 찾아오는 일시적 순간이라는 것이다. 하지만 삶은 어차피 괴로우니 포기하라고 하지 않고, 하고 싶고 할 수 있는 것에 집중하라고 말한다. '많이 웃는 자는 행복하고 많이 우는 자는 불행하다', '세상에 부러워할 만한 사람은 아무도 없다' 같은 촌철살인의 격언은 힘든 상황에서도 작은 행복을 찾고 다른 사람에게 휘둘리기보다 나만의 기준을 더 단단히 세우고자 하는 Z세대의 지향과도 맞닿아 있다.

철학 외에도 변하지 않는 본질적 가치가 주목받는 현상이 두드러진다. 특히 베스트셀러 목록의 변화에서 이를 느낄 수 있다. 2023년까지는《역행자》같은 자기계발서가 인기였지만 2024년에는 이전에는 주목받지 못했던 철학서가 1위를 했다.

2024년 주목받는 변하지 않는 가치

2022~2024년 교보문고 베스트셀러 목록 비교

	2022년	2023년	2024년 상반기
1위	불편한 편의점	세이노의 가르침	마흔에 읽는 쇼펜하우어
2위	역행자	원씽	나는 메트로폴리탄 미술관의 경비원입니다
3위	하얼빈	역행자	불변의 법칙
4위	그리움은 아무에게나 생기지 않습니다	도시와 그 불확실한 벽	세이노의 가르침
5위	작별인사	불편한 편의점	모순
6위	부자 아빠 가난한 아빠	도둑맞은 집중력	이처럼 사소한 것들
7위	달러구트 꿈 백화점	김미경의 마흔 수업	도둑맞은 집중력
8위	이어령의 마지막 수업	문과 남자의 과학 공부	처음부터 시작하는 주식투자 단타 전략
9위	물고기는 존재하지 않는다	구의 증명	퓨처 셀프
10위	어서 오세요, 휴남동 서점입니다	사장학개론	생각이 너무 많은 어른들을 위한 심리학

자기계발서의 경우도《불변의 법칙》처럼 빠르게 변하는 세상에서 절대 변하지 않는 것을 이야기하는 책이 베스트셀러에 이름을 올렸다. 또 1998년 초판이 발행된《모순》처럼 오래전 출간된 책이 다시 사랑받는 모습도 눈에 띄었다. 소설 분야 30위 중 11종이 출간한 지 10년이 돼가거나 이를 훌쩍 넘은 책이다.[4] 전반적으로 변하지 않는 것, 본질적인 것, 과거부터 지금까지 이어져온 가치가 다시 조명받고 있다.

하루아침에 달라지는 세상에서 수많은 선택지에 당황하지 않고 주체적으로 결정을 내리기 위해서는 무엇보다 내 안에 변하지 않는 기준이 바로 서 있어야 한다. Z세대는 지금까지 아이덴티티를 더 선명하고 입체적으로 만들고자 노력해왔고 우리는 이를 하이퍼 퍼스낼리티라는 키워드로 조망했다. Z세대는 마치 퍼즐을 완성하듯 관심사, 취향, 성향, 추구하는 가치 등을 보여줄 수 있는 조각을 수집해왔다. 또 MBTI 같은 셀프 분석 도구를 적극적으로 이용해 자신을 이해하기 위해 노력했다. 이제는 여기서 더 나아가 삶에서 중시해야 할 명확한 기준, 분명한 태도의 필요성을 느끼고 자신만의 철학이나 가치관을 세우는 데까지 관심을 갖는다.

앞서 살펴본 것처럼 Z세대 사이에서 원영적 사고나 홍민적 사고 등 구체적이고 분명한 사고방식이 주목받는 것도, 갑자기 철학처럼 변하지 않는 본질적 가치가 주목받는 것도 이런 Z세대의 니즈에서 비롯되고 있다. Z세대는 사고관이 뚜렷한 사람을 선망하며 그를 롤모델 삼거나, 본질적 가치를 탐구하며 자신만의 기준을 만들어가고자 한다.

일에서도 중요해지는 철학

Z세대는 일하는 사람의 철학이나 태도에도 관심이 높다. 단순히 그 사람의 능력이나 스킬, 커리어에만 관심을 갖는 것이 아니라 일을 대하는 태도나 일을 해나가는 기준과 철학에도 주목한다. 그래서

일의 지향과 가치관을 분명하게 보여주는 이들이 Z세대의 롤모델로 주목받고 있다. 새롭게 일하는 방법을 알려주는 책《프리워커스》를 출간하고 유튜브를 통해 자기만의 일하는 방식을 생생하게 보여주는 모빌스그룹이나 일하듯이 놀고 놀듯이 일하는 방법을 이야기하는 책《일놀놀일》을 쓴 마케터 이승희, 브랜딩 매니저 김규림이 대표적이다.

Z세대는 이들을 선망하는 데서 그치지 않고 같은 지향이나 태도를 가진 사람과 직접 연결돼고자 한다. 이에 따라 일하는 사람의 철학을 보여주고 일하는 방식이나 태도를 중심으로 사람들을 연결해주는 공간이 인기를 끌고 있다. 대표적인 것이 일하는 사람의 연결고리를 표방하는 '데스커 라운지 홍대'다. 데스커 라운지 홍대에는 일하는 사람의 지향을 확인하고 소통하는 다양한 프로그램이 있다. '레터 투 워커Letter to Worker' 공간도 그중 하나다. 이곳에는 일에 대한 고민이 담긴 271통의 편지에 데스커가 연결한 17명의 선배가 보내온 답장이 전시돼 있다. 편지 내용에는 직접적인 업무 스킬이나 커리어를 쌓는 구체적인 방법보다 어떤 태도나 지향을 갖고 일을 해나가야 하는지에 대한 고민이 담겨 있다. 선배들은 이런 고민에 자신의 경험을 바탕으로 답변을 하는데 여기서 일에 대한 그들의 생각과 태도가 온전히 드러난다.

'커넥트 룸Connect Room'은 데스커 라운지에 모인 사람 간 연결을 도와주는 공간으로 시간별로 다양한 교류가 이뤄진다. 2시에는 일상의 인사이트를 나누고 5시에는 각자의 업무를 회고한다. 업계나 직무를 중심으로 교류가 이뤄지는 것이 아니라 일하는 태도, 방식을

일하는 방식을 공유하는 데스커 라운지 홍대의 교류 프로그램_인스타그램 @desker_lounge_hd

공유한다. 또 다른 프로그램인 '워크투게더' 또한 일하는 방식이 핵심 주제다. '건강하게 협업하기', '나만의 크리에이티브를 만드는 법', '흔들리지 않는 나만의 고유성을 찾는 법' 등 일하는 방식에 관해 함께 고민하고 이야기를 나눈다. 직무에 관계없이 고민이 같다면 연결될 수 있고 서로 다른 분야의 인사이트를 공유하며 생각지 못한 시너지가 나기도 한다.

이처럼 일하는 방식과 태도, 철학에 Z세대의 관심이 높은 이유는 무엇일까? 앞서 짚은 대로 삶의 선택지가 무수해진 환경과 연관이 있다. 이제 한 회사에 소속돼 있더라도 회사와는 별개로 개인을 중심으로 커리어 방향을 고민해나가야 한다. 직무도 일도 매우 세분화돼 같은 직무라도 갖춰야 하는 스킬이나 커리어의 방향이 다르다. 직무보다는 개인의 고유한 강점이 점점 더 중요해지고 있다. 즉, 회사와 직무라는 틀에서 벗어나 나만의 강점이나 지향을 바탕에 두고 일의 방향을 몸소 개척해가야 하는 환경으로 변화하고 있는 것이다. 이런 환경에서는 회사나 직무 내에서 모든 고민을 해결할 수 없다. 회사가 규정한 방향성이나 해당 직무에서 보편적으로 갖춰야 하는 역량이 나와 맞지 않을 수도 있기 때문이다. 내 일을 나만의 언어로 정의해야 하기에 표면적인 스킬보다는 좀 더 본질적이고 고유한 강점, 일을 대하는 태도나 방식과 철학이 중요해지고 있다.

《Z세대 트렌드 2023》에서도 수평적인 포트폴리오 확장을 언급하면서 스스로 직업을 정의하는 '창직'을 소개했다. 그때는 주로 회사에 소속되지 않은 프리랜서나 N잡러처럼 여러 직업을 병행하는 사람을 중심으로 변화의 흐름이 생성됐다. 하지만 이제는 회사에 소속돼 있더라도, 직업이 하나뿐이더라도 온전히 내 일을 정의해야 할 필요가 있다. 일을 대하는 나만의 태도, 철학을 세우는 일은 특별한 사람만의 것이 아니라 좀 더 보편적인 고민이 됐다. 이제 막 사회초년생이 된 Z세대는 이런 변화를 더 크게 체감하고 있을 것이다. 아직 일의 태도와 철학을 스스로 세우기는 어렵지만 이들은 지향이 맞는 사람을 선망하고 그들과 교류하면서 자신만의 방식을 만들어가고 있다.

ISSUE 1의 결론

본질적인 것에 주목하는 Z세대

원영적 사고의 유행, 행운과 불교의 인기, 베스트셀러 1위에 오른 철학서, 일에 대한 태도와 철학을 중심으로 연결되는 공간의 급부상 같은 일련의 흐름에는 본질적 가치를 추구하고 지향하는 Z세대의 모습이 잘 나타난다. 수많은 선택지가 앞에 놓인 불확실성의 시대이자 지금의 삶을 유지하기가 어려워지는 우하향 시대에 나만의 기준을 온전히 세우고 지켜가기 위해 본질에 집중하는 것이다. 변하지 않는 것을 추구하고 선망하는 경향은 이들이 향유하는 감성에서도 돋보인다. Z세대 사이에서 낭만, 감성, 향수, 휴머니티 등 시대를 초월하는 보편적 감성, 본질적 가치가 다시 주목받고 있다.

최근 화제가 된 SNS 계정 중 하나가 바로 디지털 추억 저장소 '탐스Time Space'다. 이 계정에는 2000~2010년대 추억이 담긴 영상이 올라온다. 과거 유행 아이템이나 콘텐츠로 그 시절을 함께 향유한 사람의 공감대를 자극하기도 하고 시대와 상관없이 누구나 공감할 수 있는 감성을 건드리기도 한다. 어린 시절 잠든 나를 부모님이 안아 침대로 옮겨준 일, 친구들과 소풍 갔던 일, 아끼던 신발을 마지막으로 신은 일처럼 어떤 세대든 한 번쯤 경험했을 법한 추억을 담은 영상을 보여주는 식이다. 이런 보편적 감성과 향수를 담은 영상은 좋아요 48만 7000개(2024년 8월 기준)를 기록하며 인기를 끌었다.

레트로 감성은 여전히 Z세대에게 인기다. '다꾸(다이어리 꾸미기)'

어느날 당신의 부모님은
당신을 마지막으로 침대로
옮겨줬을거고
official_timespace · 팔로잉
32주
이 채널이 알려줘서 추억이나마 해낼수 있다는게 너무 감사함
좋아요 21,925개 답글 달기
답글 34개 모두 보기
32주
아빠! 나 이제 내가 밀수있다?
좋아요 3,439개 답글 달기
답글 27개 모두 보기
32주
일부러 자는척해서 부모님이 마지막으로 침대로 옮겨준 기억이 아닌도 생생한데.....
좋아요 25,025개 답글 달기
좋아요 48.7만개
1월 18일
댓글 달기...

보편적 감성을 담아 향수를 불러일으키는 콘텐츠_인스타그램 @official_timespace

처럼 레트로 감성을 불러일으키는 아날로그 놀이 문화가 꾸준히 유행하고 자신이 태어나기도 전의 콘텐츠나 음악을 디깅하면서 그 시대 감성을 느끼기도 한다. 예를 들어 Z세대 사이에서는 빈티지 디지털카메라가 인기를 끌고 있다. 1억 800만 화소를 자랑하는 스마트폰 카메라가 있지만 굳이 빈티지 숍에서 지금은 단종된 디지털카메라를 사고 그 카메라로 사진이나 영상을 찍어 브이로그를 남긴다. 흐릿하고 뽀얀 화질의 사진을 얻기 위해, 최신 스마트폰이 있으면서도 10년 전 출시된 아이폰 6S를 구매해 보조 폰으로 활용하기도 한다. 그 이유는 흔히 이야기해온 대로 직접 경험하지 못한 과거의 것이 이들에게 낯설고 새롭게 다가오기 때문도 있겠지만 그 시절만의 감성을 느끼고 싶어 하기 때문이다. 비록 경험하지 못했던 과거라 공감에서 비롯된 향수는 없지만 지금보다 자기 검열이 덜해 자신의 생각을 자유롭고 당당히 표현하던 옛날 20대의 모습에서 낭만을 느끼고, 빠른 속도와 높은 효율만을 강조하는 시대에 한 땀 한 땀 손으로 만드는 아날로그의 비효율성에서 여유를 찾는다. 또 기술이 발전하기 전 선명하지 않은 화질로 남긴 사진과 영상에서 과거의 감성을 즐긴다. 지금은 희소해진 낭만, 감성 같은 변하지 않는 본질적 가치에서 향수를 느끼고 이를 향유하는 것이다.

이렇게 희소해진 가치를 추구하는 모습은 다방면에서 나타난다. 일례로 따듯한 휴머니티가 다시 주목받고 있다. 사람들의 갈등을 다룬 콘텐츠도 여전히 인기가 많지만 가족 간 훈훈한 교류를 담은 콘텐츠나 진정한 사랑을 보여주는 콘텐츠가 각광받는다. 목적 위주의 느슨한 관계만 추구하는 것이 아니라 정서적으로 의미 있는 교류의 순간을 만들려고 노력한다. 친구들과 다양한 이벤트를 준비하고, 혼자 할 수 있는 러닝을 굳이 크루에 들어가서 함께하거나 협동과 팀플레이를 경험할 수 있는 풋살, 하키 같은 팀 스포츠를 즐기기도 한다. 여러 사람이 한데 모여 스포츠 경기를 응원하는 열광적인 분위기를 경험하면서 함께할 때만 느낄 수 있는 즐거움을 나눈다. 변하지 않는 본질적 가치는 Z세대가 지금을 온전히 이겨낼 수 있게 하는 안전장치다.

여기까지 지금 Z세대의 불안과 이를 대하는 태도 그리고 시대 감성은 어떻게 나타나고 있는지 살펴봤다. 불확실성이 높은 우하향 시대, Z세대는 자신에게 맞는 최선의 선택을 내리기 위해 스스로를 이해하고 중심을 세우려 노력하며 오래도록 나다움을 유지하고자 긍정적 사고관을 다진다. 이런 Z세대의 시대 감성은 이들이 만들어 가는 라이프스타일, 다른 사람과 관계를 맺는 방식, 추구하고 향유하는 감성에도 녹아 있다. 이제부터는 이를 하나씩 들여다보면서 이 시대 Z세대가 중요하게 생각하는 가치를 조명하고자 한다. 오래도록 나답게 살아가기 위해 몸 건강뿐 아니라 정신 건강, 생활력까지 전반적으로 삶을 가꿔나가는 경향과 미래, 노화에 대한 인식 변화를 살펴볼 것이다. 서로의 다름을 존중하면서 건강한 관계를 맺고자 하며 정서적으로 교류하는 순간을 만들어 관계를 가꾸는 모습을 분석하고 이런 Z세대와 연결되려면 어떻게 해야 하는지 알아보고자 한다. 또 이들이 어떤 감성이 담긴 콘텐츠에 반응하고 열광하는지 보면서 현재를 관통하는 시대 감성을 짚어볼 것이다. 앞으로 소개할 Z세대의 모습에서 시대 지향과 맞닿을 힌트를 얻길 바란다.

ISSUE 2.

자기 보존

오래도록 나다운 미래를 추구하다

우하향 시대, 미래를 보는 Z세대의 관점이 달라졌다.
미래보다는 오늘에 집중한다고 여겨지던 이들이
미래를 고민하고 대비하기 시작한 것이다.
하지만 Z세대가 생각하는 미래 대비는
과거의 개념과는 다르다. 지금의 나다움을 가능한
오래 유지하기 위한 것에 가깝다.
이로 인한 변화도 엿보인다.
중년층 이상의 언어였던 '노화'가
Z세대의 일상에 큰 영향을 미치고 있다.
Z세대는 통곡물과 콩으로 구성된 저속노화 식단을 챙겨 먹고
휴대폰을 자진 반납해야 입장 가능한
'반反도파민' 공간을 방문한다.
살림과 청소로 일상력을 가꾸며
삶의 노하우가 있는 중년 셀럽을 롤모델로 삼는다.
'오래도록 나답게' 살아가려는 Z세대에게
나타나는 라이프스타일을 살펴보자.

CHAPTER 3.

Z세대의 언어가 된 노화

"어제는 고속노화였으니 오늘은 저속노화 간다."

2024년 2월, X에서 저속노화라는 키워드가 실시간 트렌드에 올랐다. 그날 챙겨 먹은 저속노화 식단을 인증하거나 간단히 만들어 먹을 수 있는 저속노화 레시피를 추천하는 글이 줄을 이었다. 어제는 불닭로제찜닭을 먹어 고속노화를 했으니 오늘은 반성하면서 저속노화 식단을 먹겠다거나 저속노화밥을 먹고 간식으로 '요아정'을 먹었으니 중속노화라는 등 저속노화가 일종의 재밌는 밈으로 활용되며 확산하기도 했다.

이른바 100세 시대, 아직 20대 남짓인 Z세대가 이들과는 거리가 멀어도 한참 멀어 보이는 저속노화라는 키워드에 반응하는 이유는 무엇일까?

저속노화를 인증한 X 게시글_X의 저속노화 관련 글 재구성

Z세대가 저속노화에 반응하는 이유

Z세대 사이에서 저속노화가 화제가 된 데는 이들에게 일명 '저속노화 선생님', '렌틸콩 전도사'로 불리는 정희원 교수의 역할이 컸다. 정희원 교수는 서울아산병원 노년내과의로 2023년 초《당신도 느리게 나이 들 수 있습니다》라는 책에서 저속노화의 개념을 소개하고 이를 꾸준히 알려왔다. 특히 Z세대가 주로 사용하는 SNS 플랫폼인 X에서 저속노화 실천법을 활발히 공유했다. 누군가 가속노화 식단을 인증하면 각종 짤을 활용해 장난스레 디스하고 저속노화 식단에는 칭찬을 아끼지 않는 등 재미를 유발하며 Z세대가 저속노화라는 생소한 개념을 쉽게 이해하고 접할 수 있도록 문턱을 낮췄다. 그 덕에

Z세대 사이에서 저속노화가 일종의 재밌는 밈처럼 여겨지고 저속노화 식단을 인증하는 것이 하나의 놀이 문화가 돼 빠르게 확산했다.

저속노화는 일시적인 밈이나 놀이 문화로 그치지 않고 자기 관리법의 하나로 자리 잡았다. 처음 이슈가 된 지 6개월여가 지난 2024년 8월까지도 저속노화 식단 인증이 끊이지 않는다. 2024년 8월 기준 정희원 교수가 운영하는 저속노화 식단 X 커뮤니티에는 약 2만 명이 참여하고 있는데 오늘 먹은 저속노화 식단을 인증하고 좀 더 쉽게 해 먹을 수 있는 레시피 같은 꿀팁도 끊임없이 공유한다.

이렇게 저속노화가 Z세대의 라이프스타일에 녹아든 이유는 무엇일까? 저속노화는 언뜻 Z세대와 거리가 멀어 보이지만 Z세대가 추구해온 라이프스타일과 핵심적인 공통점이 있다. 저속노화는 개인을 더 빠르게 늙고 병들게 하는 현대사회에서 어떻게 하면 천천히 나이 들 수 있을지에 관한 고민의 결과다. 마라탕, 탕후루, 숏폼까지 자극이 넘치고 더 많은 쾌락을 추구하는 현대사회는 그 자체로 가속노화 사회다. 이런 사회에서 저속노화는 천천히 나이 드는 방법으로 대단한 약을 찾아 먹거나 시술을 받는 것이 아니라 생활 습관을 바꾸는 것을 제안한다. 노화를 가속하는 자극적인 음식은 피하고 당이 천천히 흡수되는 저속노화 식단으로 먹기, 규칙적으로 운동하기, 하루 7시간 이상 충분한 수면 취하기 같은 건강한 생활 습관이 노화 속도를 늦춘다고 이야기한다. 그리고 이를 통해 몸의 건강, 운동 능력은 물론 뇌 건강까지도 챙길 수 있다고 주장한다. 즉, 저속노화에 중요한 건 생활 습관을 개선하고 이를 유지하는 것인데 이는 Z세대가 추구해온 라이프스타일 '갓생'과 유사하다.

갓생은 2020년부터 Z세대 라이프스타일을 대표해온 키워드다. Z세대는 매일 좋은 습관을 실천하는 갓생을 추구하며 자기 관리를 해왔다. 특히 탄수화물이 적은 단백질 위주의 건강 식단을 챙겨 먹고 두부유부초밥, 연두두부구이처럼 맛있으면서도 만들기 쉬운 레시피를 개발해 공유하는 등 지속가능성을 중시해왔다. 또 매일 SNS에 '#오운완(오늘 운동 완료)'을 인증하며 건강은 물론이고 목표를 달성했다는 소소한 성취감을 챙겼다. 향이나 명상으로 기분을 전환하며 몸 건강뿐 아니라 정신 건강과 마음을 돌보기도 했다. 저속노화 라이프스타일처럼 지속가능성을 중시하는 생활 습관을 바탕으로 일상을 가꿔온 것이다. 저속노화 실천법으로 논의되는 행위는 Z세대에게 낯설거나 어려운 것이 아니며 이미 지향하고 추구하던 라이프스타일과도 맞닿아 있기에 자연스럽게 그들의 일상에 녹아들 수 있었다.

이렇게 저속노화가 Z세대 라이프스타일의 하나로 자리 잡아가면서 Z세대가 생각하는 노화의 이미지도 달라졌다. 대학내일20대연구소가 소셜 빅데이터 분석 플랫폼 LUCY2.0을 통해 노화 연관어를 분석한 결과를 살펴보자. 2020년 결과에서는 피부, 주름, 주름 개선, 피부 미용 등 뷰티나 외모 관련 단어가 주로 언급된 것을 확인할 수 있다. 반면 2024년에는 이 같은 연관어 비중은 줄고 식습관 연관어가 늘었다. 혈당, 식단같이 저속노화와 관련된 단어도 보인다. 습관, 운동 키워드의 연관어가 소폭 증가했고 건강관리 같은 연관어 영역이 뷰티에서 라이프스타일로 확장된 것이 눈에 띈다.

'예방'이 강조되고 있다는 점도 주목할 만하다. 이전까지 노화는

외모 관리 영역에서 자기 관리 영역이 된 노화

노화 키워드의 주요 연관어 변화

- 기간: 2020. 01. 01.~2020. 12. 31., 2024. 01. 01.~2024. 06. 30.
- 키워드: 노화
- 채널: 커뮤니티, 블로그, X, 인스타그램, 유튜브
- 동일한 키워드를 선정해 언급량 기준으로 내림차순한 결과로 원의 크기는 키워드 언급량에 비례함

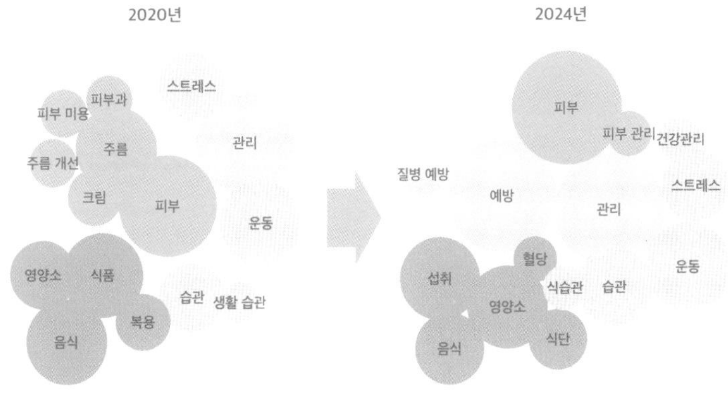

- 출처: AI 기반 빅데이터 분석 전문 기업 뉴엔AI LUCY2.0 기반 자체 검색

개선의 영역에 가까웠다. 하지만 최근 노화가 Z세대의 관심이 되고 오래도록 나답기 위한 자기 관리 요소가 되면서 예방에 관심이 커진 것이다.

노화에 대한 인식 변화는 특히 뷰티에서 두드러진다. 2~3년 전부터 뷰티 업계에서는 슬로우 에이징이 화두다. '안티에이징'처럼 노화를 막고 젊은 시절과 같은 상태로 되돌리는 것이 아니라 예방과 관리를 통해 현재의 좋은 상태를 가능한 한 오래 유지하며 천천히 나이 듦을 받아들이려는 것이다. 이는 노화에 대한 Z세대의 인식 변화를 단적으로 보여준다.

과학적 이해가 더해진 Z세대의 건강 관리법

Z세대의 자기 관리에서 달라진 점은 또 있다. 바로 더 과학적이고 전문적으로 자기 관리를 한다는 것이다. 특히 저속노화가 뜨면서 관심이 높아진 식습관에서 변화가 두드러진다. 2020년 초반 갓생 시대에는 지속가능하고 소소한 습관에 방점이 찍혀 있었다. 식습관의 경우도 손쉽게 따라 할 수 있는 레시피나 비교적 건강하면서도 맛있는 '헬시플레저' 제품이 인기를 끌었다.

지금 Z세대 식습관 관리에서 핵심은 '혈당'이다. 한때는 칼로리를 중심으로 몸무게와 식습관을 관리해왔지만 이제는 혈당을 높이지 않는 식습관에 방점을 둔다. 정희원 교수는 자신의 책에서 가속노화의 주범으로 단순당(설탕, 시럽), 정제 곡물, 탄수화물 과잉 등을 꼽았다. 단순당, 정제 곡물은 혈당을 급격하게 올리는 '혈당 스파이크'의 원인이 되고 우리 몸은 혈당을 조절하기 위한 호르몬인 인슐린을 과다 분비한다. 혈당 스파이크의 반복은 당뇨병 같은 질병을 유발하기도 하고 노화를 가속하기도 한다.[5] 그 밖에도 많은 의사가 혈당 관리의 중요성을 과학적으로 설명하는 영상을 올리면서 혈당이 자기 관리의 핵심이 됐다.

혈당에 대한 높아진 관심은 데이터로도 확인할 수 있다. 먼저 혈당 키워드의 소셜미디어 언급량 추이를 살펴보자. 대학내일20대연구소가 소셜 빅데이터 플랫폼 LUCY2.0을 통해 분석한 결과 혈당 키워드의 소셜미디어 언급량은 2022년 이후 꾸준하게 늘어왔다. 특

Z세대 식습관 관리의 핵심이 된 혈당

혈당 키워드의 소셜미디어 언급량 추이

- 기간: 2022.01.01.~2024.06.30.
- 키워드: 혈당, 저속노화
- 채널: 커뮤니티, 블로그, 카페, X, 인스타그램, 유튜브

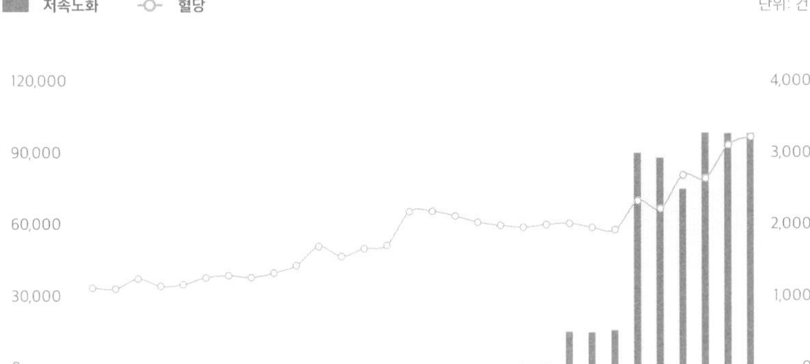

- 출처: AI 기반 빅데이터 분석 전문 기업 뉴엔AI LUCY2.0 기반 자체 검색

혈당 키워드의 주요 연관어 변화

- 기간: 2024. 01. 01.~2024. 06. 30.(2023년 동기간 비교)
- 키워드: 혈당
- 채널: 커뮤니티, 블로그, 카페, X, 인스타그램, 유튜브
- X축은 2023년 대비 2024년 상반기 언급량 증가율을 의미하며 Y축은 실제 키워드 언급량으로 원의 크기에 비례함

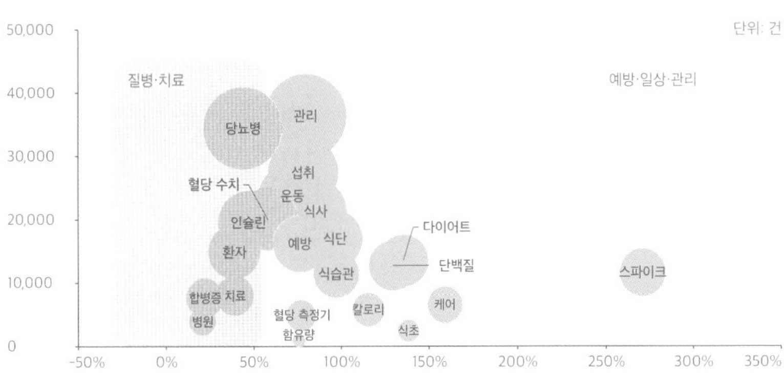

- 출처: AI 기반 빅데이터 분석 전문 기업 뉴엔AI LUCY2.0 기반 자체 검색

히 저속노화가 이슈가 된 2024년부터는 상승 폭이 가파르다.

또 혈당 연관어 변화를 보면 '스파이크'가 2023년 상반기에 비해 2024년 상반기 250% 이상 급상승했다. 이 밖에도 운동, 식사, 식습관, 케어처럼 자기 관리, 예방과 관련된 단어가 증가한 경향이 눈에 띄었다. 반면 당뇨병, 환자, 치료 등 질병 연관어는 증가율이 50% 미만으로 비교적 높지 않았다. 질병 치료 영역이었던 혈당 관리가 이제 일상적인 자기 관리 영역으로 확장되고 있음을 확인할 수 있다.

혈당이나 당이 몸에 어떤 영향을 미치는지 과학적 원리를 이해한 Z세대는 혈당 스파이크를 막기 위한 노력을 시작했다. 식습관 면에서도 전문가가 추천한 식사법을 따르고자 하는 모습이 보인다. 정희원 교수가 제안한, 렌틸콩·귀리·현미·백미를 4:2:2:2 비율로 구성한 저속노화밥을 해 먹고 통곡물과 콩, 채소와 과일 등으로 조합된 'MIND 식사법•'에 도전해보기도 한다. 채소, 나물, 과일을 먼저 먹기만 하면 되는 '거꾸로 식사법'을 끼니마다 신경 써서 실천하는 모습도 나타난다. 저속노화밥을 제대로 해 먹거나 일반 쌀밥의 당을 조금이라도 줄이기 위해 당을 낮춰주는 '저당밥솥'을 구매하기도 하고 식사 전에 먹으면 혈당 스파이크를 막아준다는 일명 '애사비(애플 사이다 비니거: 사과발효식초)' 같은 보조 식품을 활용하기도 하며 혈당 관리에 진심인 모습을 보인다.

• 낮은 당 지수의 복합탄수화물인 통곡물과 콩 등을 주요 칼로리와 단백질원으로 삼는 DASH(고혈압 예방을 위한 식이요법)와 치즈, 붉은 고기를 줄이고 채소와 달지 않은 과일을 많이 먹는 지중해식 식단을 결합한 식이요법

혈당을 측정하며 식습관을 관리하는 모습_유튜브 '유주얌 YUJUYAM'

단순히 혈당을 올리지 않는 식습관을 실천하는 것만이 아니라 이를 좀 더 객관적인 수치로 확인하려는 니즈도 높아지고 있는데 그러면서 주목받은 것이 '연속혈당측정기CGM'다. 이는 혈당을 측정하는 도구 중 하나로 보통 혈당은 손끝 채혈로 측정하지만 연속혈당측정기는 채혈이 필요 없다. 팔뚝에 붙여두면 피부에 삽입된 센서를 통해 세포 간질액의 포도당 농도를 반복 측정해 앱으로 혈당값 변화를 보여준다.

최근 Z세대 사이에서는 특정 음식을 먹었을 때 체내 혈당에 어떤

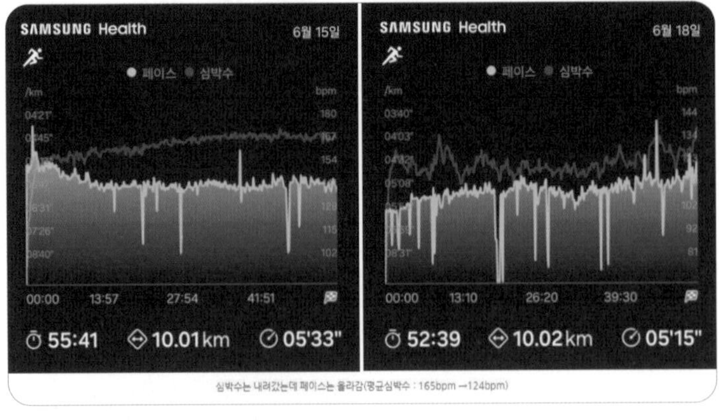

러닝을 할 때 심박수를 측정하며 컨디션을 관리하는 '존2' 훈련법_네이버 블로그 '송투송'

변화가 나타나는지 연속혈당측정기로 측정해 보여주는 유튜브 콘텐츠가 인기다. 연속혈당측정기를 붙이고 혈당 관리에 좋다는 다양한 식사법을 시도해 실시간으로 기록되는 수치를 보여주며 효과적인 혈당 관리법이 무엇인지 검증한다. 사람마다 맞는 관리법이 다르다는 사실도 잘 알고 있어서 연속혈당측정기를 직접 사용해 자신에게 적합한 혈당 관리법을 찾기도 한다.

객관적인 수치를 통해 건강을 관리하는 경향은 지난 몇 년 사이 Z세대의 생활 스포츠로 자리 잡은 러닝에서도 감지된다. 기존에는 러닝을 할 때 거리km나 페이스를 기록하고 인증했다면 최근에는 여기서 더 나아가 평균 심박수bpm나 케이던스* 등 더 상세하고 구체적인 수치를 기록하면서 운동 효과를 체계적으로 분석한다. 또

* 러닝을 할 때 발이 지면에 닿는 횟수

시기별로 다수의 마라톤 대회가 개최되면서 그 사이사이를 채우는 '리커버리 런'도 중요하게 여긴다. 장거리를 달리기보다는 'LSD••' 나 존2••• 같은 러닝 훈련법에 뛰어드는 Z세대가 늘어나는 추세다. 러닝의 경우 장거리를 긴 호흡으로 달려야 하는 운동 특성상 체력을 적절히 안배해야 하므로 심박수를 조절하며 컨디션을 관리하는 훈련이 주목받는 것이다.

Z세대가 반도파민을 실천하는 이유

정신 건강도 더 과학적이고 체계적으로 관리하려는 흐름이 눈에 띈다. 이전의 정신 건강 관리는 기분과 감정을 챙기는 데 초점이 맞춰져 있었다. 하루를 돌아보는 일기를 쓰거나 명상을 하는 것처럼 매일 나 자신을 위해 반복적으로 행하는 리추얼을 만들어 그날의 감정을 컨트롤하고 인센스, 향수 같은 향 아이템을 활용해 기분을 관리하기도 했다. 여전히 이런 자기 관리법도 이어지고 있지만 최근에는 특히 '뇌과학'에 대한 관심이 높아지고 있다.

이런 변화는 콘텐츠 소비에서 눈에 띄게 나타난다. 출판 시장에서는《도둑맞은 집중력》《우울할 땐 뇌과학》《당신의 뇌는 최적화를 원한다》같은 뇌과학 서적이 꾸준히 인기를 끌고 있다. 감성적으

•• Long Slow Distance의 약자로 장거리를 천천히 시간을 두고 달리는 훈련법

••• 사람의 최대 심박수를 존1(50~60%)~존5(90~100%)로 나눴을 때 존2(60~70%) 영역으로 심박수를 유지하는 저강도 훈련법

Z세대에게 인기인 뇌과학 콘텐츠_
유튜브 '장동선의 궁금한 뇌'

로 기분에 접근하는 것이 아니라 뇌가 작용하는 과학적 원리를 바탕으로 지금 왜 우울감을 느끼는지, 왜 집중이 안 되는지 그 이유를 명확히 짚어준다. 뇌과학 전문가인 장동선 박사는 이 분야의 셀럽으로 자리 잡았다. 2024년 8월 기준 42만 팔로워를 보유한 유튜브 채널 장동선의 궁금한 뇌에서는 관계, 수면, 식습관 등 사람의 다양한 행위를 과학적으로 분석한다. 운동을 할 때 뇌에서 어떤 변화가 일어나는지 설명하며 최적의 운동법을 소개하기도 하고 외로움 같은 감정이 뇌에 어떻게 안 좋은지 설명하며 극복법을 알려주기도 한다. 이런 콘텐츠를 보며 Z세대는 자신의 상황을 더 객관적으로 이해하고 이를 바탕으로 해결법을 적용하며 좀 더 내게 알맞은 관리 방법을 찾아간다.

이처럼 뇌과학이 뜨면서 혈당만큼 급부상한 키워드가 있다. 바로 '도파민'이다. 2022년 도파민은 Z세대에게 충전해야 하는 것이었다. 자극적인 콘텐츠를 보며 스트레스를 해소하거나 얼얼한 마라탕이나 달달한 디저트를 먹고 기분이 좋아질 때 '도파민이 충전된다'고 표현했다. 도파민을 충전하는 것을 스트레스 해소법의 하나로 여기던 시기였다.

하지만 2023년부터 뇌과학 도서와 콘텐츠에서 도파민 중독 문제를 집중적으로 다루기 시작했다. 도파민에도 목표를 성취하며 얻는 건강한 도파민과 자극적인 콘텐츠를 통해 얻는 좋지 않은 도파민이 있는데 즉각적인 즐거움을 주는 숏폼 같은 것은 좋지 않은 도파민을 채워주며, 여기에 중독되면 강렬한 자극에 내성이 생겨 '팝콘 브레인•'이 될 수 있다는 것이다.

이제 도파민은 충전이 아닌 관리 대상이 됐다. 운동으로 건강한 도파민은 채우되 악영향을 주는 도파민은 디톡스(해독)해 관리해야 한다는 인식이 생긴 것이다. Z세대의 도파민 관리 니즈가 높아지면서 이른바 반도파민 공간이 주목받기 시작했다. Z세대가 도파민 디톡스를 실천하기 위해 방문하는 반도파민 공간에는 몇 가지 특징이 있다.

먼저 디지털 기기와의 거리두기를 강조한다. 2024년 초, 스마트폰과 타자 소리가 없는 공간을 표방한 '욕망의 북카페'가 Z세대의 핫플레이스로 등극했다. 이곳은 서울 강남 한복판에 있으면서도

• 즉각적이고 자극적인 영상에 반복 노출되면 뇌의 전두엽이 여기에 익숙해져 느리고 무던한 현실에는 무감각해지고 일상생활에 흥미를 잃으며 팝콘 터지듯 더욱 강력한 자극만을 추구하게 되는 현상

스마트폰을 반납해야만 이용할 수 있게 해 화제를 모았다. 처음에 입장할 때 스마트폰을 무음으로 전환하고 카운터에 맡기거나 카페 내 '몰입의 방'으로 불리는 플라스틱 용기에 직접 스마트폰을 넣고 일정 시간 열리지 않도록 잠가둬야 한다. 스마트폰은 중간에 가져갈 수 없고 오직 나갈 때만 돌려준다. 디지털 기기 중에서도 노트북은 야외에서만 이용 가능하며 책을 읽으며 메모할 때 사용하거나 전자책을 읽는 용도의 태블릿은 허용된다. 스마트폰이 불러일으키는 도파민 유혹을 방지하고 오직 독서에만 전념할 수 있는 환경을 조성한다는 취지다.

또 다른 특징은 도파민을 대체하는 체험 활동이 있다는 점이다. Z세대는 주말과 휴일이면 도파민 디톡스를 표방한 숙박업소에서 여유롭게 시간을 보낸다. 강원도 홍천에 위치한 '힐리언스 선마을'은 인터넷을 차단한 환경을 제공한다는 점에서 최근 Z세대의 힐링 명소로 뜨고 있다. 객실에서는 휴대폰이 전혀 터지지 않고 휴식을 방해할 수 있는 전자 기기인 TV나 냉장고도 비치돼 있지 않다. 대신 온전한 쉼을 제공한다는 취지로 마련된 명상, 요가, 목공 같은 다양한 프로그램에 참여할 수 있다. 제주도에 위치한 '호텔현존'도 체크인을 할 때 휴대폰 반납 시간을 선택한 뒤 독서, 요가, 명상, 싱잉볼 클래스 등의 디톡스 프로그램을 이용할 수 있다.

Z세대가 반응하는 반도파민 공간은 주로 예약제로 운영된다. 공간을 이용하는 사람이 체험에 온전히 몰입할 수 있게 하기 위해서다. 서울 서촌에 위치한 '일인용 1P( )'는 3층 주택을 개조한 카페로 2층은 오직 예약자만 이용 가능하다. 나무가 보이는 통창 앞에 자

Z세대가 찾는 반도파민 공간_(위) 대학내일 박종남, (아래) 인스타그램 @1p_news

리를 잡고 오롯이 혼자(최대 2인)만의 시간을 보낼 수 있다. 음료와 책을 고르면 어울리는 음악 CD를 제공해주는데 자극적인 콘텐츠에서 벗어나 유니크한 경험을 추구하는 Z세대에게 흥미를 유발하기에 충분하다. 제주에 위치한 카페 '고산의 낮'이나 부산의 '열람실' 등 1인용 카페는 도파민에서 벗어나 잠시 쉬어 가고자 하는 여행객에게도 사랑받고 있다.

CHAPTER 4.

Z세대가 미래에 대비하는 방법

한동안 20대의 가치관 논의에는 이들이 미래보다 현재에 집중한다는 시각이 많았다. 미래에 큰 성공이나 성취를 이룰 수 있다는 가능성이 요원하니 눈앞의 오늘에 집중한다는 것이다. 2010년대 중반에는 이것이 YOLO와 같은 삶의 태도로 정의됐고 2020년대에는 매일매일 작은 성취를 쌓아가며 오늘을 가꾸는 갓생이라 명명됐다. 오늘에 집중하게 된 이유나 오늘을 대하는 방식은 서로 달라도 미래보다 현재에 더 가치를 두는 것은 비슷했다.

하지만 지금까지 살펴본 Z세대의 모습을 모아보면 미래에 대한 인식이 달라진 것을 확인할 수 있다. 20대 때부터 저속노화 라이프스타일에 관심을 두고 식습관, 몸, 뇌 건강까지 관리하며 지금의 좋은 상태를 최대한 유지한 채 나이 들어가기를 지향하는 모습은 오늘의 즐거움과 만족만 추구하는 것이 아니라 다가올 미래를 염두에 두고 대비하는 것처럼 보인다. 왜 이런 인식 변화가 나타난 것일까? Z세대에게 미래를 준비한다는 것은 어떤 의미인지 그리고 이것이 어떤 형태로 나타나는지 알아보자.

오래도록 나답게를 꿈꾸는 Z세대

Z세대가 미래를 대비하는 방법은 거창하지 않다. 한마디로 정리한다면 오래도록 나답게라고 할 수 있다. 지금부터 미리미리 식습관을 개선하고 꾸준히 운동을 하고 뇌 건강을 챙기며 지금의 좋은 상태를 가능한 한 오래 유지하고자 한다.

이렇게 Z세대의 인식이 변화한 이유는 시대의 불안과도 연결돼 있다. 앞서 앞으로의 시대는 영원한 불황이 예상되며 경제뿐 아니라 전반적인 삶의 질까지 우하향하는 시대라고 말했다. 저출생, 고령화로 시간이 지날수록 사회가 감당해야 할 부양 인구는 비대해질 전망이다. 국민연금 고갈로 사회가 내 노후를 책임져주긴 어렵고 자녀의 부양을 기대하기도 힘들다. 즉, 이전 세대가 자녀나 사회에 기대하던 것을 Z세대는 '셀프'로 해나가야 할지 모른다는 뜻이다.

그렇다 보니 노후에 대한 인식이 달라졌다. 보통 '노후 대비'라고 하면 금전적인 면을 생각할 것이다. 연금을 저축해놓거나 부동산을 마련해두는 등 노년에도 어느 정도 먹고살 수 있는 돈을 준비하는 것이 흔히 생각하는 노후 대비다. 하지만 앞으로 다가올 셀프 부양의 시대, 내 온전한 일상을 지켜나가기 위해서는 돈만으로는 부족하다. 갑자기 큰돈이 나가지 않도록 건강을 챙겨야 하고 은퇴 이후에도 생산성을 유지할 수 있도록 능력도 갖춰야 한다. 나이 들어서도 주변 환경을 잘 가꿔나갈 수 있는 생활력도 중요한 요소 중 하나일 것이다.

아직 노년과는 거리가 먼 Z세대가 벌써부터 이런 부분을 고려하며 노후 대비에 나서는 것은 아니다. 다만 이들이 지향하거나 선망하는 라이프스타일을 보면 니즈 변화가 보인다. 오래도록 나답기를 바라며 20대부터 저속노화 방식을 실천하듯, 온전한 미래의 삶을 생각하며 자신이 추구하는 것과 가까운 삶을 사는 롤모델을 찾는다.

최근 Z세대에게 주목받는 인물들이 있다. 바로 자기 나름의 노하우와 생활력으로 일상을 잘 영위하고 꾸려나가는 사람들이다. 대표적인 예가 60대 엔터테이너 최화정이다. 그는 유튜브 채널 '안녕하세요 최화정이에요'를 개설한 지 2개월 만에 구독자 수 50만 명을 넘기며 가장 핫한 셀럽으로 떠올랐다. 이 채널에서 그는 자신만의 특별한 레시피를 공개하거나 살림 아이템을 소개하며 그간 가꿔온 라이프스타일을 선보인다. 그가 소개하는 레시피나 살림 팁은 매우 간단하고 쉬워 보인다. 레시피를 보지 않고도 툭툭 쉽게 바질 피자를 만들고 포장지, 리본 하나로도 멋지게 인테리어를 한다. 누군가 하는 일이 쉬워 보이면 그가 일을 잘하기 때문이라 했던가. 간단해 보이는 팁에는 일상을 가꾸며 쌓아온 노하우와 삶의 지혜가 녹아 있다. Z세대가 최화정에게 열광하는 이유는 자신보다 긴 시간을 살아온 그에게서 자연스레 묻어나는 여유와 연륜을 배울 수 있기 때문일 것이다.

MBC 관찰 예능 〈나 혼자 산다〉에 소개된 배우 구성환의 라이프스타일 역시 화제가 됐다. 그는 넓은 아파트, 호화로운 펜트하우스가 아닌 옥탑방에서 생활하며 오랜 자취 생활에서 터득한 깔끔한 습관과 청소 루틴으로 일상을 잘 유지하는 소탈한 모습을 공개해 각광받았다. 특히 가속노화 식단에 가까워 보이는 파스타를 한 상 차려 먹으면서 격한 리액션으로 행복을 표현하며 자신의 기준대로 행복한 삶을 살아가는 소탈한 모습을 보였다. 얼핏 보면 1인 가구의 평범한 삶을 드러낸 듯했으나 그의 생활력과 행복론이 Z세대가 매력적이라고 생각하는 미래의 본보기가 되면서 긍정적인 반응을 불러일으켰다.

이처럼 Z세대는 오래도록 나답게 자신의 삶을 잘 꾸려온 사람을 선망한다. 또 그들의 일상에서 자연스럽게 드러나는 생활력과 노하우를 매력적으로 느낀다. 대학내일20대연구소가 운영하는 Z세대 커뮤니티 제트워크에게 '50대 나의 모습'이 어떻길 바라는지 물어본 결과에서도 자기 관리를 잘하는 모습을 선망하는 경향이 나타났다.

> "내적이든 외적이든 자기 관리를 꾸준히 하는 사람이 되고 싶어요! 자기 관리를 하는 사람은 본인 일에 열정적이고 매사 열심히 사는 사람이라고 생각하거든요. 중년이 돼도 스타일링에 신경 쓰고 내적으로도 나이에 맞게 성숙한 사람이고 싶어요." _제트워크 시즌14 참여자 망곰(F1103)

오래도록 나답기를 선망하는 Z세대의 관심은 일상을 탄탄히 잘 가꿔나가는 힘으로 이어진다.

청소와 살림으로 일상을 가꾸다

공간에 대한 Z세대의 주된 관심사는 바로 '꾸미기'다. Z세대가 가장 많은 시간을 보내는 공간인 집은 자신의 취향을 드러내고 향유할 수 있는 곳이다. 그렇기 때문에 예쁜 인테리어 소품을 이용해 집을 꾸미는 것, 홈카페나 홈트레이닝처럼 집에서 내 취향의 취미를 즐기는 것이 주된 관심사였다. 그런데 일상을 잘 가꾸길 원하는 Z세대에게 이제 새로운 영역이 관심 범주에 들어오고 있다. 바로 '청소'와 '살림'이다.

Z세대는 단순히 공간을 꾸미는 것을 넘어 내 취향에 맞게 꾸며진 공간을 어떻게 잘 유지하고 관리할지에까지 주목한다. 청소와 살림은 사실 누구에게나 하기 싫고 귀찮은 노동의 성격이 강하다. 다만 최근에는 그 인식이 조금씩 달라지고 있다. 여전히 귀찮은 면도 있지만 한편으로는 내 일상을 돌보고 정리하며 힐링하는 시간이라고 생각하는 것이다.

이런 변화를 확인할 수 있는 콘텐츠가 바로 'M드로메다 스튜디오' 채널의 〈청소광 브라이언〉이다. 2023년 말 시작한 이 콘텐츠는 청소 신드롬을 불러왔다. '청소에 미친 자의 신개념 청소 예능'이란 슬로건으로 청소가 시급한 게스트를 찾아가 청소를 도와주는 내용인데 1편 조회 수가 500만 회를 넘길 정도로 화제가 됐다. 청소가

자취생의 일상 청소 루틴을 공유하며 청소 노하우와 꿀템을 공유하는 콘텐츠_유튜브 'Orosina 오로시나'

안 된 집을 본 브라이언의 분노에 찬 리액션을 보는 것도 재미였지만 하나둘씩 청소돼가는 집을 보면서 느끼는 쾌감도 큰 힐링 포인트였다. 실제로 해당 영상 댓글에서는 '공감도 하고 반성도 하고 대리 힐링하고 있다', '청소 후 달라진 공간을 보니 따라 하고 싶어진다', '청소를 잘하는 게 하나의 능력처럼 보인다' 같은 반응을 확인할 수 있다. 이 콘텐츠를 보면서 함께 청소할 수 있도록 1시간 분량으로 콘텐츠를 만들어달라는 요청까지 있을 정도다.

청소 루틴을 공유하거나 삶의 질을 높이는 아이템을 추천하는 콘텐츠 역시 늘어나고 있다. 가정이 있는 3040세대뿐 아니라 오랜 기간 자취하며 자신만의 1인 가구 살림 노하우가 있는 사람의 콘텐츠도 주목받는다. 이들은 아끼는 청소템과 살림템을 적극 공유한다. 또 요리와 빨래 등 살림하는 모습을 일상 브이로그로 담는다. 주방과 욕실, 집 안 곳곳의 먼지를 닦고 흐트러진 물건을 정돈하는 과정에서 잘 갖춰진 집 안 풍경뿐 아니라 생활력을 기르는 삶의 노하우와 지혜를 나눈다.

ISSUE 2의 결론

괜찮은 오늘을 조금 더 오래

우하향 시대를 살아가는 Z세대는 지금의 괜찮은 오늘을 조금 더 오래 유지하길 바란다. 이것이 바로 Z세대가 생각하는 미래 대비다. 이를 위해 20대부터 저속노화 라이프스타일을 챙기며 자기 관리를 해나가고 오래도록 나답게 삶을 꾸려온 사람을 선망하며 나만의 일상을 가꾸는 노하우와 생활력을 갖길 원한다. 더 본질적으로 내 삶에 집중하고 가꿔나가려는 모습이다.

이런 Z세대 라이프스타일에 녹아들기 위해서는 그들이 중요하게 생각하는 것을 채워줘야 한다. 앞서 살펴본 노화, 혈당, 도파민 같은 키워드에 대한 인식 변화에서 힌트를 얻을 수 있다. Z세대가 자기 관리에 활용하는 용어는 전문적이다. 연속혈당측정기를 통해 혈당 상태를 직접 수치로 확인하고 러닝을 하며 심박수를 측정하는 등 과학적이고 체계적인 자기 관리에 진심이다. Z세대의 셀프케어 영역을 공략하고 싶다면 이런 Z세대의 과학적 분석 니즈를 충족해줄 필요가 있다.

Z세대의 혈당 관리 방식도 계속 진화하고 있다. 연속혈당측정기로 수치만 측정하는 것을 넘어 이제는 혈당 관리 전문 코칭 서비스까지 등장했다. 글루어트의 'EX 패키지'는 전용 앱을 이용해 혈당 수치를 기록할 수 있게 하고 이를 바탕으로 1:1 밀착 케어로 혈당 관리를 돕는다. 또 VOD 영상 강의를 통해 혈당에 관한 전문적인

윈터리빙룸 팝업 스토어_인스타그램 @alloso_official

팁까지 제공한다. 코로나19 시대 비대면 PT가 인기를 끌었듯 혈당 관리에도 맞춤형 케어 서비스가 더해진 것이다. 이는 생활 습관을 전문적이고 체계적으로 관리하고자 하는 Z세대의 니즈를 충족해 준다.

더불어 도파민을 디톡스할 수 있는 공간에 대한 관심도 늘어나고 있다. 일상에서 충족하기 힘든 몰입의 기쁨을 누릴 수 있는 곳이 Z세대에게는 결핍을 채워주는 가치 있는 공간이다. 하이엔드 리빙 브랜드 알로소의 '윈터리빙룸' 팝업 스토어가 대표적이다. 윈터리빙룸은 '딴짓과 쉼'을 주제로 알로소 소파를 체험할 수 있는 반도파민 공간이다. 짧은 시간 스마트폰을 들고 돌아다니며 인증샷을 남기는 일반적인 팝업 스토어와 달리 2시간의 이용 시간 동안 천천히 공간을 즐길 수 있다는 특징이 있다. 또 출판사 민음사와 협업해 수백 권의 책을 두고, 플레이리스트 채널 '오드 스튜디오 서울Ode

Studio Seoul'의 잔잔한 음악이 흐르게 했다. 알로소의 편안한 소파에 앉아 엄선된 음악을 들으며 책을 볼 수 있게 함으로써 Z세대의 취향을 저격한 것이다. 일반적인 팝업 스토어와 달리 입장료 5000원을 지불해야 하는데도 순식간에 예약이 끝나고 오픈런이 이어질 정도로 큰 호응을 얻었다.

이처럼 Z세대는 오래도록 나다운 삶에 진심이며 일상의 결핍을 메워주고 자신이 지향하는 삶을 충족해주는 제품, 서비스에 반응한다. 지금 Z세대의 지향을 이해한다면 이들의 일상에 녹아들 수 있을 것이다.

ISSUE 3.

인지적 연대

다름을 인지하며 관계를 가꾸다

현재는 개인의 취향과 지향이 더 쪼개질 수 없을 정도로 세분화되고 파편화된 초개인화 시대다.
그럼에도 Z세대는 더 많은 커뮤니티에 연결되고 관계를 맺고 있다.
Z세대가 관계에서 중요하게 생각하는 것은 예전과 다르다.
같음보다는 다름에 방점이 찍혀 있다.
공통의 관심사를 통해 상대와 일체감을 공유하기보다는 개인의 지향을 판단하지 않고 다름을 온전히 존중하고 이해하고자 한다.
서로 지향이 달라도 정서적 유대감을 나눌 수 있는 교류의 순간을 만들며 관계를 가꾼다.
초개인화 시대 Z세대의 관계법을 자세히 살펴보자.

CHAPTER 5.

관계의 시작은 존중으로부터

학연, 지연 등 연고주의가 중요했던 과거에는 어떤 무리나 집단에 소속되는 것 그 자체가 관계를 맺는 방식이었다. 자신의 개성을 표출하기보다는 '우리는 하나'라는 일체감을 관계 형성의 미덕으로 생각했다. 그러나 지금은 개인의 지향을 중심으로 관계를 맺는 트라이브십 시대다. 각자의 뾰족한 지향이 톱니바퀴처럼 맞물린 관계가 자연스러워졌고 그만큼 서로의 지향을 잘 알고 이해하는 것이 중요해졌다.

한번 떠올려보자. 반이 바뀌고 낯선 친구들이 한데 모인 새 학기, 누구나 한 번쯤 처음 본 친구에게 어떻게 말을 붙이고 관계를 만들어갈지 고민해본 경험이 있을 것이다. 그래서 새 학기만 되면 다양한 관계 형성법이 SNS에 공유된다. 대표적인 것이 마이쮸를 건네주며 말을 트는 '마이쮸 권법'이다. 이런 스킬은 점점 더 다양해지고 디테일해지고 있다. 단순히 말을 트고 호감을 쌓는 것을 넘어 상대의 지향을 파악하는 일이 중요하기 때문이다. MBTI를 물어보며 E, I 등 각 영역의 비율까지 살펴보거나 성향 테스트를 권하는 관계 스킬은 서로의 지향을 이해하기 위한 장치다. 이와 비슷한 결로 '밸런스 게임'을 대하는 Z세대의 태도도 흥미롭다. 단순히 재밌게 시간을 보내기 위한 킬링타임용이 아니라 상대의 대답에서 가치관이나 취향을 엿볼 수 있는 수단으로 여긴다. 실제로 유튜브에는 쉬는 시간에 하는 밸런스 게임 질문 모음 콘텐츠가 있을 정도다.

관계를 형성하는 데 개인의 지향이 중요해지다 보니 상대의 지향을 파악하고 이를 존중하는 것이 관계를 잘 유지하는 골든 룰 Golden Rule이 됐다. Z세대가 말하는 존중이란 상대를 재단하거나 평가하지 않고 있는 그대로를 이해하는 '온전한' 인정을 뜻한다. 서로 다른 지향을 표면적으로 인식하는 데서 끝나는 것이 아니라 이를 이해하고 관계를 잘 가꿔나가려 노력한다. Z세대가 생각하는 관계의 덕목은 다름을 인지하고 상대의 지향을 존중하는 것이기에 나와 다른 특성을 가진 이들과 어려움 없이 대화를 나누고 그를 잘 이해하기 위해 진심을 다한다. 관계를 잘 맺고 가꾸기 위해 Z세대는 어떻게 지향을 존중하고자 노력하는지 그 방법을 살펴보자.

▼

콘텐츠를 통한 관계 케이스 스터디

초개인화 시대, 관계를 맺는 명확한 규칙이 없고 각자가 느끼는 '선'에도 정답이 없다. 과거에는 그룹이나 조직의 규칙을 알면 어느 정도 거기에 맞추면 됐지만 지금은 각 개인과 상황에 따라 중요한 것이 모두 달라 관계를 쌓아가는 난도가 매우 높다. 대인 관계는 원래도 어려웠지만 지향이 세분화되며 관계를 시작하고 유지하기가 더욱 어려워졌다.

이때 Z세대가 팁을 얻는 통로는 콘텐츠다. 친한 친구들이 함께 나오는 유튜브 채널이나 직업도 성격도 환경도 천차만별인 사람이 모인 연애 프로그램은 다양한 관계의 모습을 확인할 수 있는 좋은 레퍼런스다. 관계별, 상황별, 사람별로 서로 다른 관계 양상을 보면서 그 속에서 내 실생활에 활용할 수 있는 노하우를 찾는다. 예를 들어 유명 크리에이터나 셀럽이 실제 '찐친'과 함께 등장하는 일상 콘텐츠를 자신의 인간관계에 레퍼런스 삼는 식이다. 홈파티를 열었을 때 어떻게 시간을 보내는지, 다 같이 해 먹는 요리로는 어떤 메뉴가 적합한지 등 사소한 포인트까지 참고한다.

일상의 소소한 에피소드가 구체적으로 담겨 있는 브이로그도 관계에 관한 팁을 얻을 수 있는 좋은 통로다. 유튜버가 친구들과 여행하는 브이로그를 보며 여행 중 특정 상황에서의 대처법이나 꿀팁을 얻는다. 무계획형인 사람이 극極계획형인 친구와 여행을 갈 때 잘 맞춰주는 방법이나 돌발 상황이 생겼을 때 즐거운 기분을 망치지 않고 잘 해결하는 방법 등을 배운다.

여러 출연진이 등장하는 예능도 마찬가지다. TVING 〈환승연애〉, ENA·SBS plus 〈나는 SOLO〉 같은 연애 프로그램을 보면서 상대에게 좋은 첫인상을 심는 방법, 서로 의견이 대립할 때 감정 상하지 않게 잘 조율하는 방법 등 커뮤니케이션 힌트를 얻는다. 특히 연애 프로그램은 리뷰 콘텐츠가 많이 파생되는데 그중 출연진 심리 분석 콘텐츠는 좀 더 특별하게 여긴다. 출연진이 왜 저런 행동을 했는지 궁금하고 그 심리를 더 잘 이해하고 싶다는 이유도 있지만 특정 출연자에게 자신의 모습을 투영하며 반면교사 삼아 '나도 저렇게 보였을 수 있겠구나', '저렇게 하면 안 되겠구나' 하고 고칠 점을 찾는 기회로 삼을 수도 있기 때문이다. 타인이 이런저런 상황에서 좋은 관계를 맺는 모범 답안이나 반대로 관계를 망치는 오답 노트를 조각조각 모아 자신만의 데이터베이스를 만드는 셈이다.

더 심도 깊은 콘텐츠를 직접 찾아보기도 한다. 커뮤니케이션 기술이나 심리학과 관련된 지식을 얻기 위해 전문가의 콘텐츠나 책으로 공부한다. 혹은 인간관계와 관련된 썰을 풀어주며 시청자와 소통하는 유튜브 채널을 구독해 조언을 구하거나 팁을 얻기도 하며 적극적으로 관계 스킬을 습득한다.

치트키가 되는 스몰토크력

상대를 존중하며 관계를 잘 맺는 스킬로 또 주목받는 것이 선을 넘지 않는 '스몰토크Small Talk'다. 스몰토크는 단순히 붙임성 좋은 성격을 보여주는 것을 넘어 서로 긴장감을 해소하고 유대를 맺는 첫 단추다. 그렇다 보니 스몰토크를 잘하는 사람에 대한 선망이 눈에 띈다. Z세대는 수많은 토크 콘텐츠 중 화려한 언변을 보여주기보다 편안하게 스몰토크를 이끄는 진행자에게 호감을 느낀다. 유튜브

'TEO 테오'에서 〈살롱드립〉을 진행하는 장도연은 Z세대 사이에서 선호도가 높은 진행자다. 그는 게스트가 불편할 만한 이야기를 하지 않으며 안정감 있는 대화 분위기를 조성한다.

유튜브 '빠더너스 BDNS' 채널에는 문상훈이 배달 음식을 기다리며 개인적인 이야기를 하는 〈오당기(오지 않는 당신을 기다리며)〉라는 콘텐츠가 있다. 그는 종종 게스트를 초대해 대화를 나누는데 꼭 공통 관심사가 아니더라도 누구나 흥미를 느낄 수 있을 만한 주제를 던진다. "○○ 님은 하루를 시작하면서 최고의 상태를 만드는 법이 있으세요?", "입 밖으로 한 번도 꺼내본 적 없는 말이 뭐가 있을까요?" 같은 식이다. Z세대는 이런 콘텐츠를 보며 편안한 분위기를 만들어갈 수 있는 스몰토크 주제에 관해 팁을 얻기도 한다.

그럼 Z세대가 추구하는 스몰토크 방식은 무엇일까? 제트워크에게 새로운 만남에서 자연스럽게 대화할 수 있는 스몰토크 방법을 물어봤다.[6] 이들이 생각하는 스몰토크의 핵심은 상대를 불편하게 하지 않는 배려였다. 민감한 주제나 사적인 질문을 꺼내기보다는 본인도 상대도 잘 아는 공통 취향처럼 뾰족한 공감대를 찾으려고 노력한다. 꼭 공감대가 있어야 하는 것은 아니다. 스몰토크는 가볍고 소소한 대화를 의미하기에 공감에 기반하지 않더라도 지금 유행하는 것이나 속칭 '잼애'라고 불리는 '재밌는 얘기'로도 충분히 대화를 이어나갈 수 있기 때문이다.

나아가 Z세대는 스몰토크 주제를 수집한다. 일례로 유병재는 본인 유튜브 채널에서 스몰토크를 잘하는 방법이라며 여러 주제와 꿀팁을 소개해 화제가 되기도 했다. 이 밖에도 Z세대는 스몰토크와 관

스몰토크 주제를 제안하는 유병재_유튜브 '유병재'

련된 책을 찾아 읽거나 '커플끼리 하는', '할 말 없을 때 하는' 이야기 주제를 스크랩해두기도 한다.

> "저는 관계에 대해 공부하기 위해 대화법에 관한 책을 읽어요. 상대방의 경험을 물어보는 것 같은 스몰토크 방법을 배울 수 있었습니다." _제트워크 시즌14 참여자 수봑(H1138)

CHAPTER 6.

TMI 공유에 진심인 사이

Z세대는 다변적인 취향과 무수한 지향을 갖고 있다. 그래서 누군가를 만날 때 모든 면이 자신과 똑같은 도플갱어를 기대하지 않는다. 서로 다름을 당연히 여기고 존중하며 관계를 가꾼다. 그러다 보니 지향을 알아가려는 움직임이 새로운 관계에서만 나타나지는 않는다. 도리어 이미 가까운 사이에서 더 두드러진다.

재밌는 점은 이 과정에서 TMIToo Much Information의 위상이 달라졌다는 것이다. Z세대는 친구의 TMI를 '굳이 알 필요 없는' 정보가 아니라 '상대를 더 잘 알아갈 수 있는' 도구로 생각한다. 여기에서는 Z세대가 친분 있는 이들과 서로의 지향을 파악해가며 유대감을 나누는 모습을 조명해보고자 한다.

▼

내밀한 일상을 볼 수 있는 블로그

블로그가 Z세대의 대표적인 일상 기록 플랫폼이라는 사실은 크게 새로운 소식은 아니다. 다만 Z세대가 블로그에 쌓아가는 일상 기록을 활용하는 방식이 확장됐다. 친구의 지향을 좀 더 수월히 파악할 수 있는 통로로 블로그를 생각하는 것이다. 일상 블로그를 운영하는 Z세대는 월간이나 주간 등 주기적으로 자신의 하루를 연재하듯 글을 작성하고 꾸밈없는 일상이나 내밀한 감상까지도 솔직하게 공유한다. 그렇기 때문에 블로그를 통해 좋은 관계를 맺고자 하는 상대의 라이프스타일이나 가치관을 파악할 수 있다. 기존 사용자가 블로그를 통해 얻는 정보가 맛집이나 레시피 등 객관적인 인포메이션Information을 의미했다면 이제 Z세대가 블로그에서 얻는 정보는 친구의 지극히 사적인 프라이버시Privacy다. 그 사람의 생활 방식은 어떻고 평일이나 주말에는 무엇을 하는지, 좋아하는 공간은 어디인지 등의 TMI를 관찰할 수 있기 때문이다.

TMI는 이제 Z세대에게 피하고 싶은 대상이 아니다. 오히려 친구에게 더 바라고 기대하는 요소다. Z세대는 친구들이 블로그에 포스트를 잘 올리지 않으면 빨리 업로드하라며 닦달하기도 하고 다 썼으면 알림을 해달라고 요구하기도 한다. 구독자와 크리에이터의 관계를 연상케 하는 모습이다. 최근에는 '친구가 써줬으면 좋겠는 블로그 주제 모음'이라는 콘텐츠까지 나왔는데 그 수가 무려 36가지나 되며 그 안에는 친구의 일상과 취향을 알고자 하는 욕구가 깊

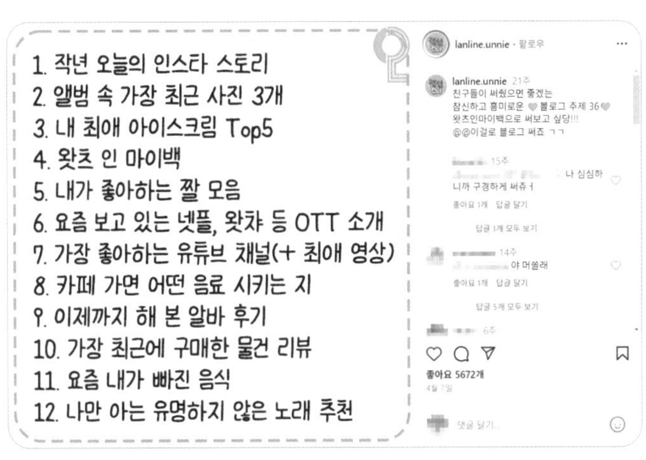

친구들이 써줬으면 좋겠는 블로그 주제를 모은 콘텐츠_인스타그램 @lanline.unnie

게 담겨 있다. 작년 오늘 날짜에 올린 인스타그램 스토리를 캡처하고 그날 있었던 일을 풀어달라며 지난 일까지 궁금해하거나 좋아하는 짤, 카페에 가면 시키는 음료, 최애 브랜드 등 취향을 공유해달라고 요청한다. 언제부터 좋아했는지, 어떤 이유로 좋아하게 됐는지 그 내용도 구체적이다. 해당 주제로 블로그를 작성할 때 "○○이가 이 주제로 써달라고 해서"라며 친구의 부탁으로 쓴다고 밝히기도 한다. 블로그를 통해 상대의 지향을 이해하려는 Z세대의 욕구가 선명히 읽히는 지점이다.

블로그에서 더욱 빛을 발한 '포토덤프Photodump' 문화는 이런 현상을 뒷받침한다. 포토덤프란 사진이나 영상을 쏟아버리듯 대량으로 업로드하는 방식으로 잘 나온 A급 사진만 골라내기보다는 자연스럽거나 무심한 듯 꾸미지 않은 감성의 사진을 게시한다는 특징

5월은 내꺼지

제법 빨리 돌아온 블로그 레츠고!!! 솔선에 걍 미쳤을 때 (거짓말이 아니라 티저 뜨기 전부...

2024. 6. 22.

♡11 ⊙5

3&4

정말 오랜망에....ㅎㅎ 원래 잊혀질 즈음에 나타나야 재밌는 법~~ 밀린 3월과 4월을... 와...

2024. 6. 19.

♡13 ⊙13

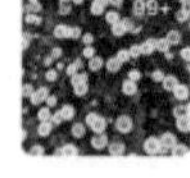

너무 늦은 happy new year

happy new year!! 라고 말하지만 벌써 3월이구요... 하핫 밀린 1,2월을 써보겠으요 ...

2024. 3. 3.

♡7 ⊙7

어리바리 그 자체였던 삿뽀로!

드디어 쓴다..삿포로.. 그래도 봄이 오기 전에 써서 다행이에요...^^ 오로지 삿포로를 위...

2024. 2. 29.

♡6 ⊙2

수십 장의 사진을 업로드하는 네이버 블로그_대학내일 조유진

이 있다. 일상을 세세하게 보여줄 수 있다는 점에서 사진으로 쏟아내는 TMI라고 할 수 있다. 이런 포토덤프는 해외를 비롯해 국내의 여러 SNS에서도 쉽게 확인할 수 있는데 포토덤프가 유독 각광받은 플랫폼은 다름 아닌 블로그다. 인스타그램은 이미지를 최대 10~20장까지 업로드할 수 있다 보니 나름의 선별 과정이 필요하지만 블로그는 이런 제한이 없어 수십 장이 넘는 사진과 영상을 잔뜩 첨부해 포스팅하기 수월하다. 그래서 블로그가 서로의 TMI를 공유하기 딱 좋은 Z세대의 소통 창구로 자리 잡은 것이다.

블로그 외에도 TMI를 나누는 플랫폼이 최근 주목받고 있다. 2024년 7월, KT그룹이 운영하는 공식 대학생 대외 활동 프로그램

Y퓨처리스트[•]에서 조별로 Z세대 트렌드를 찾아 발표했는데 그중 한 조에서 Z세대가 TMI를 나누며 친밀감을 느끼는 여러 플랫폼을 소개했다. 먼저 일정 관리 앱인 '투두메이트'에서는 개인 일정과 오늘 할 일을 친구들과 공유한다. 내가 어떤 하루를 보내는지 굳이 알리지 않아도 궁금한 친구는 와서 볼 수 있고 서로 일정과 할 일에 대해 공감을 나누기도 한다. 위치 공유 앱인 '자갓Jagat'에서는 현재 위치에서 찍은 사진을 업로드하며 해당 장소에서 얼마나 머물렀는지를, '찰리와 걷기'에서는 오늘 걸은 걸음 수를 공유하며 말 그대로 일거수일투족을 보여준다. 서로 다양한 TMI를 주고받으면서 친구의 지향을 실시간으로 업데이트하고 이해하는 것이다.

자신의 지향을 공유하는 '오타쿠 발표회'

서로의 지향에 관심이 많아지면서 이를 공유하는 문화가 놀이가 되기도 했다. 대표적으로 오타쿠 발표회가 있다. 취향이 분명한 시대, 덕질은 Z세대 사이에서 예삿일이 아니다. 그들이 디깅하는 대상은 아이돌, 배우 등 셀럽이나 만화 캐릭터뿐 아니라 책, 장르, 브랜드까지 그 영역이 매우 넓고 다양하다. 오타쿠 발표회는 친구들을 청중 삼아 자신이 디깅하는 대상을 PPT로 만들어 소개하는 것이다. 어떤 계기로 입덕했는지, 여태까지 덕질한 대상을 통해 파악

• KT그룹 공식 대학생 마케팅 서포터즈로 활동하는 실무형 마케팅 인재 양성 프로그램

한 자신의 취향은 무엇인지, 탈덕한 이유는 무엇인지 등 덕질 일대기를 보여준다. 혹은 최애의 매력 포인트는 무엇인지, 그에게 어떤 서사가 있는지 등 최애를 집중 공략해 소개하기도 한다.

PPT로 발표하기 때문에 주로 학교에서는 시험이나 수능이 끝나고 여유로운 자습 시간에 교실에서 진행하거나 송년회나 MT 등 단체로 파티룸을 빌려 놀 때 하나의 콘텐츠로 포함하기도 한다. 발표회라고 하니 언뜻 거창해 보이지만 진지한 분위기나 고퀄리티 제작 능력은 전혀 요하지 않는다. 편안한 분위기에서 자기 이야기를 재밌게 공유하고 리액션을 주고받을 뿐이다. 오타쿠 발표회는 Z세대의 새로운 놀이 문화로 급부상했고 실제로 유튜브에 업로드된 한 오타쿠 발표회 관련 영상은 2024년 8월 기준 조회 수 118만 회를 훌쩍 넘기도 했다.[7]

오타쿠 발표회의 핵심은 청중에게 자신의 덕질 대상을 함께 좋아하자고 영업하지 않는다는 것이다. 발표자는 청중에게 그저 자기소개를 하듯 자신의 취향이나 취향을 형성하는 과정을 공유한다. 그렇기 때문에 발표하는 사람을 더욱 자세히 알아갈 기회가 된다.

이는 국내에서만 유행하는 것이 아니다. 해외 Z세대 사이에서도 비슷한 문화가 있다. 친구와 오랜만에 만날 때 근황을 PPT로 만들어 상세하게 공유하기도 하고 자신이 어떤 일을 하는지 알려주기 위해 담당 직무와 포트폴리오를 구체적으로 소개하는 '커리어 공유회'를 갖기도 한다. 발표를 보며 자신과 비슷한 부분이 있다면 공감대를 형성하고 없다고 하더라도 친구의 새로운 면모를 발견하고 섬세히 알아가면서 친밀한 관계를 형성한다.

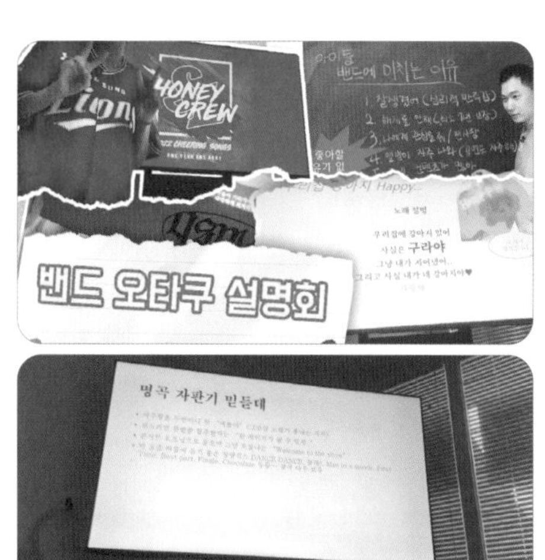

오타쿠 발표회를 즐기는 모습_유튜브 'Business Sound', 유튜브 'YOUnique'

타인의 지향을 함께해보는 퀵 디깅

최근 신드롬급 인기를 끈 프로그램은 영화관을 빌려 많은 팬과 최종화를 함께 보는 '단관(단체관람) 이벤트'를 진행하는 관례가 생겼다. 같은 콘텐츠를 좋아하는 사람끼리 모여 '막방(마지막 방송)'을 관람하면 혼자서 시청하는 것과 달리 콘텐츠의 재미가 극대화돼 Z세대 사이에서 인기가 많다. 꼭 공식적으로 단관이 열리지 않더라도 평소 즐겨 보던 프로그램을 친한 친구들과 다 같이 모여 보는 문화도 있다. 그러다 보니 원래는 특정 프로그램 시청자가 아니었더라도 친구들의 지향을 함께하고 싶은 마음에 해당 프로그램 내용을 속성 과외해주는 리뷰 콘텐츠를 챙겨 보는 경향도 나타나고 있다.

유튜브 채널 '하말넘많'은 다양한 콘텐츠로 사랑받고 있지만 TVING 〈환승연애3〉, tvN 〈내 남편과 결혼해줘〉 등 화제 프로그램을 일타 강사 콘셉트로 리뷰하는 시리즈가 특히 인기다. tvN 드라마 〈선재 업고 튀어〉를 리뷰하며 〈마지막화 앞두고 하는 리뷰 어떤데〉라는 영상을 업로드하기도 했는데 리뷰를 본격적으로 시작하기 전 '마지막 회 정도는 친구들이랑 같이 봐줄 수 있어' 하는 경우에 이 리뷰를 보면 될 것 같다고 포문을 연다. 여기서 Z세대의 관계 문화를 영리하게 캐치한 점을 주목해야 한다. 일반적인 리뷰 콘텐츠는 시청자를 빠르게 모으기 위해 본 프로그램 최신화 방영 직후 올라오지만 하말넘많의 해당 콘텐츠는 마지막화 방영 직전 총 14화 분량을 압축해 리뷰했다.

최근 Z세대에게 호응을 받은 리뷰 콘텐츠를 살펴보면 그 역할이 달라지는 흐름을 읽을 수 있다. 유튜브 '찰스엔터'는 《Z세대 트렌드 2024》에서도 다뤘듯이 연애 프로그램이나 드라마 등을 보며 리액션과 함께 리뷰하는 콘텐츠를 주로 올린다. 그러다 보니 이 채널 자체가 해당 프로그램을 좋아하는 이들의 커뮤니티가 되기도 한다. 이를 통해 실제로 프로그램을 보지 않아도 가장 화제가 된 장면과 프로그램 고高관여자의 반응을 탐색할 수 있다. 앞서 소개한 하말넘많의 콘텐츠도 마찬가지다. 긴 호흡의 드라마를 핵심 장면만 빠르게 리뷰해 벼락치기로 공부할 수 있다. 과거에는 리뷰나 요약형 콘텐츠가 '정주행하기는 귀찮지만 내용이 궁금한' 이들이 보는 콘텐츠였다면 요즘은 사회적 대화를 위한 도구로도 활용된다. 실제 댓글을 살펴보면 "전편을 보긴 싫은데 애들 대화엔 끼고 싶어요"라는 니즈가 보인다. 리뷰 콘텐츠는 이렇게 상대방과 지향이 다르더라도 그 격차를 줄일 수 있는 발판이 돼주고 있다.

CHAPTER 7.

Z세대의 특별한 커뮤니케이션 스킬

포털 사이트 검색창에 Z세대를 입력하면 '개인주의'라는 키워드가 심심치 않게 보인다. 개인주의가 강한 Z세대가 공동체 분위기를 저해하는 오피스 빌런처럼 묘사되기도 한다. 하지만 실상을 들여다보면 그렇지만은 않다. Z세대는 여러 관계에서 어느 세대 못지않게 유대감을 중요하게 여긴다. 이들은 가족의 의미가 유지되기 위해서 '직접적인 혈연관계(58.0%)'보다 '정서적인 지원·의지(70.0%)'가 더 중요하다고 생각한다.[8] 직장에서도 '팀원 간의 친밀도는 팀워크에 중요하다'고 응답한 Z세대 비율이 67.7%로 전 세대 중 2위를 기록하며 86세대 다음으로 높게 나타났다.[9] 친구와 여행을 가더라도 더욱 특별하고 돈독한 추억을 남기기 위해 숏폼을 찍고 직접 게임도 준비하는 등 만반의 노력을 기울인다. 이렇듯 유대감은 이들에게 매우 중요한 가치며 이를 기반으로 정서적 관계를 유지하고자 Z세대는 함께 공감하고 교류할 수 있는 순간을 끊임없이 만든다.

좋아요보다 '공유'가 각광받는 콘텐츠

최근 해외 Z세대 사이에는 '릴레이션십Reel-ationship'이라는 신조어가 등장했다. 인스타그램 릴스Reels와 관계Relationship를 합친 용어로 재밌거나 공감 가는 릴스를 수없이 DM으로 공유하며 자유롭게 관계를 맺어가는 방식을 일컫는다.[10] 이는 국내 Z세대 사이에서도 쉽게 볼 수 있다. 대학내일20대연구소에서 전국 15~54세를 대상으로 1개월 내 인스타그램 DM 이용률을 조사한 결과, Z세대는 44.5%로 전체 세대와 비교했을 때 무려 23.2%p나 높았다.[11] 그만큼 DM은 Z세대에게 주요 소통 수단으로 자리 잡았는데 주로 업로드한 스토리나 릴스 등의 콘텐츠를 보며 공감 가는 순간을 공유하는 데 초점이 맞춰져 있었다.

이런 공유 문화로 흥미로운 현상도 생겨났다. 좋아요 수만큼 공유되는 혹은 공유 수가 더 높은 숏폼 콘텐츠가 늘어나고 있는 것이다. DM을 통한 콘텐츠 공유가 활발히 일어나고 있음을 보여주는 지표다. 특히 공유 수가 많은 콘텐츠에는 공통점이 있다. 바로 가족, 친구, 연인 관계에서 벌어지는 공감 에피소드를 담은 영상이라는 점이다. 같은 관계를 맺고 있는 사람이라면 누구나 겪어봤을 법한 상황이기에 "우리 같아ㅋㅋ"라는 메시지를 보내기 위해 공유 버튼을 서슴지 않고 누른다.

'이삼십'은 공감 가는 일상을 애니메이션과 내레이션으로 제작하는 숏폼 전문 채널로 특히 〈직장인들의 여행 계획〉이라는 콘텐츠

❶ 공감 가는 에피소드를 기반으로 제작되는 릴스_인스타그램 @2310_leesamsip
❷ 공감을 핵심으로 한 콘텐츠_고양이 밈을 활용한 릴스 콘텐츠 재구성

가 많은 인기를 얻었다. 친구들과 여행을 가고 싶지만 모두 직장인이라 각자 가능한 일정을 맞추다 보니 여행 갈 수 있는 날짜가 이번 생에는 없다는 내용이었는데 직장인이라면 누구나 경험해봤을 웃안웃• 해프닝이라며 많은 직장인들의 공감을 샀다.

공감이라는 소재가 핵심이 되자 아예 인물이 나오지 않는 콘텐츠도 등장했다. 출처 모를 해외 밈이나 짤로 떠도는 배경 영상에 POV••를 부여하고 '너', '나'라는 지칭 정도의 텍스트만 써준다. 예를 들어 열변을 토하는 고양이와 어딘지 모르게 주눅이 든 고양이를 누끼로 따서 배경에 붙여놓은 영상에 "POV: 주말 데이트 코스 정할 때"라는 상황을 텍스트로 써 넣는 식이다. Z세대는 이런 릴스

• '웃긴데 안 웃겨'의 줄임말로 웃음이 나오지만 마냥 웃을 일이 아닌 경우를 의미함

•• 'Point of View'의 줄임말로 주로 상황극 형식으로 특정한 순간을 보여주는 것을 의미함

를 실시간으로 공유하면서 끊임없이 상대방과 정서적으로 교류하는 순간을 만든다.

▼

일상을 비일상적으로 함께 즐기는 법

이뿐만이 아니다. Z세대는 일상에서 다양한 이벤트를 만들어 유대감을 나눈다. 큰 행사나 기념일이 아니더라도 함께 모이는 행위에 의미를 부여하고 모인 이유가 평범해도 파티라는 이름을 붙이기 일쑤다. 같은 뮤지컬을 좋아하는 친구끼리 모여 '막공(마지막 공연) 기념 파티'나 드라마 최종화 방영일에 '종방연 파티'를 연다. 친구가 연인과 헤어지면 '이별 파티'를 열어주기도 한다. 일반 음식점에서 술을 마시며 슬픔을 위로해주려고 모이는 것이 아니라 파티룸을 대여하고 풍선이나 가랜드 등 장식품과 주문 제작 케이크까지 본격적으로 준비해 친구의 새출발을 응원하는 것이다.

얼마 전 X에는 '김밥수박파티'도 등장했다. 사실상 여러 명이 모여 김밥과 수박을 즐기는 것뿐이지만 파티를 위해 회의를 열기도 하고 식순과 드레스코드까지 정했다. 이처럼 Z세대는 일상의 소소한 순간을 함께 기념하고 축하하며 추억을 만든다. 감정적 교류에 진심인 이들은 '우리만의' 시간을 보내기 위해 각종 공간을 대여하기도 하고 구색을 갖추기도 한다. 파티나 이벤트 같은 특별한 순간은 서로가 더 친밀해지는 계기가 되고 이는 관계에서 정서적 교류를 중시하는 Z세대에게 효능감을 선사한다.

> "저는 친구들과 다회용기에 음식을 포장해 와서 먹는 제로웨이스트 '용기내 파티'를 했어요. 각자 먹고 싶은 음식을 누가 포장해 올지 룰렛으로 정하고 보드게임으로 설거지 당번을 정하기도 해요. 용기내 파티를 하면 쓰레기도 줄일 수 있고 포장하면서 있었던 일을 이야기하며 추억도 생기더라고요." _제트워크 시즌14 참여자 진이(M1009)

생일 문화도 달라진 양상을 보인다. Z세대는 생일 당일만 챙기는 것이 아니라 생일과 가까운 기간도 모두 생일처럼 이벤트를 준비하면서 '생일주간' 혹은 '생일월간'을 보낸다. 인스타그램 내 '#생일주간' 해시태그 수는 2024년 8월 기준 19만 개에 육박한다. 생일주간에는 더 많은 친구와 다양하고 특별한 경험을 함께할 수 있다. 당일치기로는 가기 힘든 여행을 가거나 여유롭게 피크닉을 즐기는 등 친구들과 교류할 수 있는 이벤트를 만든다. 생일인 친구가 추구하는 분위기를 담은 무드보드를 만들어준다거나 어떻게 친해졌고 같이한 특별한 경험은 무엇인지, 친구와 함께한 모든 순간을 콘텐츠로 만들기도 한다.

가장 눈에 띄는 것은 팬덤 문화를 차용해 마치 좋아하는 아이돌에게 생일 서포트를 해주듯 친구 생일을 기념하는 모습이다. 생일을 맞은 친구를 위해 주문 제작 케이크는 기본이고 포스터 축전을 만들어 '생카(생일 카페)' 콘셉트로 공간을 꾸민다. 혹은 친구 사진으로 포카(포토카드)를 만들어 예절샷• 을 찍거나 지하철에 생일 기념

• 맛있는 음식을 먹을 때 포카를 들고 사진을 찍는 팬덤 문화

친구 생일을 기념해 소책자까지 만들어주는 모습_인스타그램 @dreamy_eon

옥외광고를 내걸기도 한다.

Z세대가 생각하는 센스 있는 선물

일상을 이벤트화하고 친구 생일을 챙겨주는 데 진심인 Z세대는 센스 있는 선물에도 관심이 높다. Z세대는 흔하지 않고 자신의 마음을 잘 담아낼 수 있으면서 받는 이가 오래 기억할 수 있는 선물을 준비하려고 노력한다. 상대의 지향을 아는 것을 관계의 덕목으로 여기기에 Z세대가 주고받는 선물에는 상대를 잘 안다는 메시지가 깔려 있다.

여기서 Z세대가 생각하는 센스 있는 선물의 의미를 읽을 수 있다. 바로 지향을 잘 담아야 한다는 것이다. 내게 맞지 않는 다수의 선물보다는 지향이 잘 맞는 하나의 선물에 큰 만족감을 느낀다. 이런 니즈에서 '프레제뉴' 같은 생일 펀딩 플랫폼이 등장하기도 했다. 생일을 맞은 당사자가 특정 제품을 갖고 싶다고 펀딩을 열면 링크를 공유받은 친구들이 원하는 금액만큼 펀딩하는 방식이다. 고가의 선물을 원할 때 십분 활용할 수 있어 주목받았다.

개인적으로 직접 선물을 해주고 싶을 때는 상대의 지향을 파악하기 위해 몇 가지 단계를 거친다. 먼저 카카오톡 위시리스트 기능으로 상대방이 평소 갖고 싶어 한 제품이 있는지 확인한다. 위시리스트에 저장해둔 제품이 없거나 성에 차지 않는 경우 본격적인 취향 탐구가 시작된다. 카카오톡 프로필 사진이나 인스타그램 피드를 정독하며 선물받을 이가 표현하고자 하는 무드와 추구하는 이미지가 무엇인지 살펴본다. 그리고 일상을 담은 스토리나 블로그를 통해 그의 라이프스타일이나 취미를 파악한다. 피드의 전반적인 분위기가 모노톤이고 블로그에서 독서하는 모습이 종종 보였다면 블랙 컬러의 모던한 책갈피를 선물하는 식이다. 선물을 준비하는 시간에 시간과 노력이 많이 들지만 지향을 공략한 센스 있는 선물을 해주기 위해 Z세대는 정성을 아끼지 않는다.

"저는 친구 인스타그램 스토리에서 얻은 정보를 기반으로 선물을 해줘요. 최근 이사한 것 같으면 인테리어 관련 선물을, 화장품에 관심이 많아 보이면 올리브영 기프티콘을 주거나 예쁜 화장품 아이템을 선물해요." _제트워크 시즌14 참여자 수박(H1138)

그래서 각광받는 쇼핑 플랫폼이 '29CM'다. 29CM는 취향 기반의 큐레이션 플랫폼으로 패션뿐 아니라 라이프스타일까지 제품군을 확장하며 Z세대 사이에서 '선물' 하면 떠오르는 대표적인 플랫폼이 됐다. 이곳에는 유니크한 스몰 브랜드, 감각적인 디자이너 브랜드가 약 1만여 개 입점돼 있다. Z세대에 따르면 29CM에서 선물을 받을 때 트렌디한 이미지와 더불어 '너를 잘 알고 있어' 하는 메시지가 느껴진다고 한다. 29CM는 올해 1분기 선물하기 거래액이 전년 대비 2배 이상 급증했다.[12] 최근에는 선물 전문 채널 및 인플루언서들과 컬래버레이션을 진행하며 더욱 입지를 굳히고 있다.

ISSUE 3의 결론

Z세대의 정서적 교류 순간에 틈입하기

Z세대 사이에서는 특별한 날이 아니더라도 함께하는 이벤트가 많아지고 생일이 아니더라도 소소하게 선물을 하는 일이 잦아졌다. 응원, 축하, 친목, 위로 등 선물을 통해 전하는 메시지가 중요해졌으며 작은 엽서, 스티커, 영양제, 숙취해소제까지 선물 범위가 넓고 다양해졌다.

키링의 의미도 달라졌다. Z세대에게 키링은 패션 아이템으로만 소구되지 않는다. 대학내일20대연구소의 소셜 빅데이터 분석에 따르면 키링 활용 목적과 관련된 키워드 언급량 중 '행운'이 2021년 이후 상승하고 있다.[13] 생일 같은 기념일에 선물하기 좋은 아이템이었던 키링이 부적처럼 행운이 필요한 수많은 순간에 건네는 선물템이 됐다.

숙취해소제도 이와 유사하다. 연관어를 기반으로 숙취해소제 구매 요인을 분석해보니 2020년부터 '선물'이라는 키워드가 등장해 꾸준히 상승 곡선을 타고 있었다. 특히 스틱·젤리형과 환·알약형에서 선물 키워드가 두드러졌다.[14] 부담 없이 먹을 수 있어 술자리에 참석하는 지인들에게 선물용으로 구매한다는 후문이다.

Z세대가 교류하는 순간에 녹아들고 싶다면 판매하려는 서비스나 제품을 선물하기 좋은 아이템으로 포지셔닝하길 추천한다. 그만큼 Z세대에게 선물이란 자신의 센스를 보여줄 수 있으면서도 관

Z세대의 선물템, 키링과 숙취해소제

키링과 숙취해소제의 의미 변화

- 특정 아이돌 팬덤 중심으로 실시간 순위에 올리기 위해 단순히 해시태그를 걸고 콘텐츠를 업로드하는 현상이 발생함에 따라 X는 분석에서 제외함
- 유사한 목적으로 판단되는 연관어는 대표성을 띠는 하나의 키워드로 선별해 순위를 부여함(예: 패션, 코디→패션)
- 연도별 분석 기간 설정은 직전 연도 12월부터 이듬해 5월까지 6개월간 데이터를 기반으로 함(예: 2023년 데이터의 경우 2022년 12월~2023년 5월 데이터 결과)
- 2024년은 1~7월까지 데이터임

연도별 키링 활용 목적 언급량 추이

2020년	2021년	2022년	2023년	2024년
선물	**선물**	**선물**	**선물**	**선물**
굿즈	굿즈	굿즈	굿즈	굿즈
생일	생일	생일	생일	생일
커플	커플	기념	기념	기념
자동차	기념	커플	커플	커플
패션	자동차	힐링	힐링	힐링
기념	패션	**행운**	패션	패션
덕질	덕질	덕질	**행운**	**행운**
힐링	힐링	패션	덕질	덕질
키덜트	**행운**	자동차	자동차	자동차

연도별 숙취해소제 구매 요인 분석

2019년	2020년	2021년	2022년	2023년	2024년
숙취 해소	숙취 해소	숙취 해소	숙취 해소	숙취 해소	숙취 해소
유산균	성분	성분	효과	효과	**선물**
과음	효과	효과	성분	**선물**	효과
효과	관리	회복	**선물**	성분	성분
성분	원료	관리	분위기	분위기	분위기
흡수	가격	가격	가격	가격	가격
아미노산	비타민	**선물**	과음	과음	과음
영양	**선물**	비타민	비타민	보호	관리
효능	흡수	영양	관리	비타민	보호
비타민	보호	흡수	흡수	관리	비타민

- 출처: (좌) <굿즈 문화 빅데이터 트렌드 분석>, 대학내일20대연구소, 2023.09.25. (우) <소셜 빅데이터로 본 2023 음주 트렌드>, 대학내일20대연구소, 2023.07.13., 2024년 데이터 추가 분석

계를 돈독하게 할 수 있는 중요한 의미를 갖기 때문이다.

이와 함께 중요해진 것이 바로 메시지다. 어떤 품목을 선물할지보다 어떤 순간에, 어떤 의미를 담아 선물하는지가 핵심이다. 즉, 선물 자체보다 선물에 담긴 메시지가 점점 더 강조되고 있다. 따라서 제품을 기획할 때도 Z세대의 정서적 교류 순간에 틈입할 수 있는 소소하지만 의미 있는 메시지를 담는 전략이 필요하다. 기념일이나 생일뿐 아니라 Z세대가 기념하고 축하하고 위로하는 다양한 순간을 살펴보면서 그때그때 적절히 활용할 수 있는 메시지를 기획하는 것이 중요하다.

이런 Z세대 축하 문화에 완전히 스며들어 성공한 사례가 있다. 앞서 살펴본 것처럼 Z세대는 축하할 일이 있을 때 서로에게 잊지 못할 추억으로 남을 만큼 신경 써서 이벤트를 준비한다. 오비맥주는 '축카스'라는 캠페인을 통해 Z세대가 뭔가를 축하할 때 활용할 수 있는 서비스로 그들의 축하 신Scene에 제대로 녹아들었다. 'AI 축카스송'의 경우 친구 이름과 축하 문구를 입력한 후 영상 템플릿을 선택하면 가수 비비의 음성을 학습한 AI가 "○○아! ○○○○을 축카스해!"라고 노래하는 영상이 제작된다. 해당 이벤트는 운영 2주 만에 영상 다운로드 4만 건, 링크 공유 30만 건을 기록했다.[15] 이 기세를 몰아 축카스송 전광판 이벤트도 진행했는데 이름과 축하 메시지를 입력하면 홍대와 강남 지역 옥외광고로 송출됐다.

재밌는 점은 축하할 상황을 생일, 취업, 이사 등 객관식 옵션으로 제시한 것이 아니라 어떤 상황에서든 적용할 수 있도록 주관식 문구로 설정해 Z세대의 참여를 이끌었다는 것이다. X에서는 축카스 캠페인의 키 메시지가 하나의 밈이 돼 카스와 관련된 영상이 아니더라도 축하하는 모든 순간에 '축카스해'를 붙이는 모습을 종종 볼 수 있었다. 2024 파리 올림픽 기간에는 그룹 세븐틴의 유닛 부석순을 모델로 AI 보이스를 만들어 응원을 전하는 캠페인을 벌이기도 했다.

소비자로서의 Z세대뿐 아니라 옆자리 동료인 Z세대 구성원과 어떻게 소통하고 교류해야 할지 고민인 사람도 있을 것이다. Z세대는 개인주의가 강하고 팀원들과 교류하길 꺼린다는 인식도 있으나 앞서 살펴봤듯이 실상은 다르다. Z세대는 팀원 간 친밀도가 팀워크

식집사 키다리님을 만났어요
최근 반려식물을 키우며 초보 식집사가 되었는데요 식물 이야기를 나눌 사람이 없어 외롭던 차에 키다리 위크를 통해서 식집사를 만났어요! 키우는 식물 이야기도 잔뜩하고 씨앗도 서로 나눔했답니다

지향이 맞는 구성원과 교류하는 프로그램 '키다리위크' 참여 후기_대학내일ES

에 중요하다고 생각하며 관계와 유대감을 쌓는 것을 중시한다. 다만 관계에서 중요하게 생각하는 것이 일체감에서 개인의 지향으로 바뀌었을 뿐이다. Z세대가 중요하게 생각하는 지향을 중심으로 구성원 간 라포를 쌓을 수 있는 기회를 마련해보는 것은 어떨까.

최근에는 조직문화의 일환으로 지향이 맞는 구성원끼리 교류할 수 있도록 직원을 위한 프로그램을 운영하는 모습을 꽤 찾아볼 수 있다. 대학내일ES의 인재성장 팀은 '일은 끝나도 동료는 영원하니까'라는 모토로 사내 구성원이 서로를 이해하고 정서적 관계로 나아갈 수 있는 네트워킹 프로그램을 운영한다. 그중 키다리위크는 고민이나 직무 등 지향을 잘게 쪼개, 뾰족한 공통점이 있으나 쉽게 만날 수 없었던 팀 밖 구성원과 접점을 만들어주는 프로그램이다. 참여 신청을 하면 사전 질문을 받고 그 답변을 토대로 구성원과 매칭해주는 방식인데 운동, 여행 같은 관심사부터 직무, 강점 같은 커리어까지 자신의 지향과 맞는 상대와 교류할 수 있다. 만남이 성사됐을 때는 원활한 소통을 위해 스몰토크를 할 수 있는 대화 카드를 제공하기도 한다. 대학내일ES가 이런 프로그램을 통해 갖추려고 하는 것은 '동료력'이다. 동료력으로 감정 공유뿐 아니라 일의 의미도 나눌 수 있기 때문이다. 이처럼 정서적 유대를 기반으로 한 조직 문화는 Z세대 구성원에게 소속감을 강하게 느끼게 하는 킥이 된다는 공식을 잊지 말자.

ISSUE 4.

낭만 리부트

다시 변하지 않는 낭만을 추구하다

최근 Z세대 사이에서 인기인 콘텐츠를 살펴보면
공통점이 있다. 바로 '낭만'이라는 키워드가 붙는다는 것이다.
친구들과 여행을 가는 짧은 영상에서도,
야구장에서 응원하는 팬들에게서도,
아이돌 가수가 부르는 노래에서도 낭만을 찾는다.
게다가 귀찮더라도 시간을 내서
낭만적인 일을 하는 날을 만들거나
미리 계획을 세우지 못하는 즉흥 랜덤 여행을 떠나며
번거로움까지도 감수하는 모습을 보인다.
과제, 시험 준비, 취업 준비에도 AI를 활용하는
효율이 극대화된 시대에
Z세대가 굳이 비효율적인 낭만을 찾는 이유는 무엇일까?
Z세대가 낭만을 느끼는 순간을 살펴보면서
이들이 추구하는 시대 감성을 디깅해봤다.

CHAPTER 8.

Z세대가 추구하는 시대 감성, 낭만

유행하는 콘텐츠에는 그 시대를 살아가는 사람이 추구하는 시대 감성이 담기기 마련이다. 예를 들어 2010년대에는 tvN 〈삼시세끼〉, JTBC 〈효리네 민박〉, tvN 〈슬기로운 의사생활〉 같은 힐링 콘텐츠가 유행했다. 헬조선과 이생망을 외치던 각자도생의 시대, 힘든 현실에서 벗어나 스트레스를 털어내고 마음의 여유를 찾을 수 있는 도피처가 필요했기 때문이다. 그래서 시골에서 삼시 세끼를 해 먹는 모습을 잔잔하게 담은 관찰 예능, 속을 답답하게 하는 빌런 캐릭터가 없는 따듯한 드라마가 대중의 힐링 욕구를 채우며 인기를 끌었다.

그러다 2010년대 후반부터는 능력 있는 주인공이 자신에게 닥친 위기나 사회문제를 속 시원히 해결해가는 콘텐츠가 유행했다.

웹툰과 웹소설, 드라마에서 먼치킨[•] 캐릭터가 인기를 얻고 미래를 이미 알고 있는 주인공이 과거로 돌아가 해결하지 못한 문제를 풀어가는 '회귀물'도 인기였다. 눈앞에 닥친 막막한 문제를 고구마[••] 없이 한방에 해결하는 능력자 캐릭터와 사이다[•••] 전개는 현실에서 충족하지 못하는 카타르시스를 채워준다.

이처럼 콘텐츠는 현실에서는 충족할 수 없거나 결핍된 이상과 욕망을 채워주는 역할을 한다. 그래서 흥하는 콘텐츠에는 그 시대를 살아가는 사람이 추구하고 갈망하는 시대 감성이 녹아 있다. 지금 Z세대에게는 어떤 콘텐츠가 사랑받고 있을까? Z세대가 사랑하는 콘텐츠를 살펴보며 오늘의 시대 감성을 읽어보고자 한다.

다시 낭만이 주목받는 이유

최근 Z세대 사이에서 핫했던 콘텐츠를 돌이켜보면 빠지지 않는 키워드가 있다. 바로 낭만이다. '낭만 여행', '낭만 도시', '낭만 즐기기' 등 각종 여행 콘텐츠 제목에 낭만이 단골처럼 붙는다. "낭만이란 배를 타고 떠나갈 거야"라는 가사로 대표되는 밴드 이세계의 〈낭만젊음사랑〉 음원으로 콘텐츠를 만드는 것이 숏폼에서 유행처럼 번지

• 웹툰, 웹소설, 게임 등에서 강력한 힘을 가진 캐릭터를 지칭할 때 쓰는 신조어로 미국 작가 프랭크 바움이 쓴 소설 《오즈의 마법사》에 나오는 소인국 '먼치킨'에서 유래함

•• 융통성이 없어 답답하게 구는 사람이나 일이 뜻대로 되지 않아 답답한 상황을 고구마를 먹고 목이 메는 데 비유한 표현

••• 답답한 상황이 사이다를 마신 것처럼 개운하고 통쾌하게 풀렸을 때 쓰는 용어

다시 주목받는 시대 감성 낭만

낭만의 소셜미디어 언급량 추이 변화

• 기간: 2019. 01. 01.~2024. 07. 31.
• 키워드: 낭만
• 채널: 커뮤니티, 블로그, 카페, X, 인스타그램, 유튜브

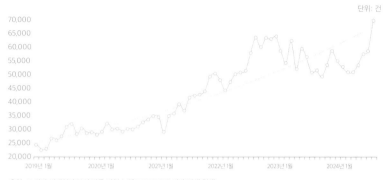

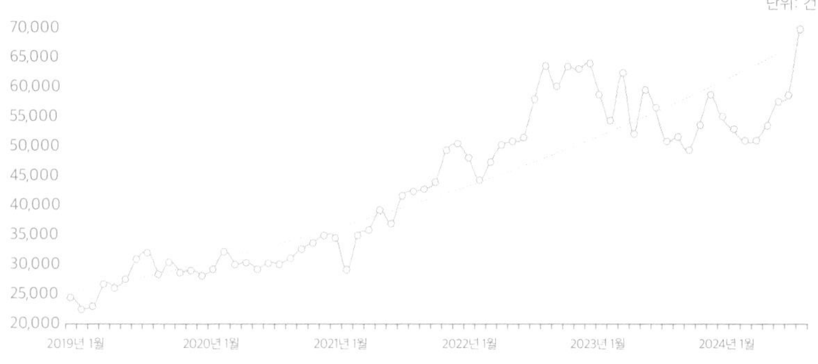

• 출처: AI 기반 빅데이터 분석 전문 기업 뉴엔AI LUCY2.0 기반 자체 검색

기도 했다. 친구들과 여행지에서 뛰어노는 모습, 노을로 예쁘게 물든 하늘 등 조금은 특별한 하루부터 사소한 일상 속 풍경까지 저마다의 낭만적인 순간을 담은 영상에 해당 BGM을 적용한 콘텐츠가 인기를 끌면서 낭만 가득한 콘텐츠가 Z세대의 알고리즘을 채웠다. 어릴 때는 주목받지 못했지만 포기하지 않고 꾸준히 노력해 지금은 1군에서 뛰게 된 야구 선수 이야기, 여자 주인공의 행복만을 바라며 뒤에서 묵묵히 바라보고 지켜주는 서브 주인공 서사 등 현실이나 콘텐츠 속 낭만 모먼트를 모아 업로드한 콘텐츠가 SNS나 커뮤니티에서 인기 게시물이 되고 댓글에서 "이게 낭만이지"라는 말도 심심찮게 찾아볼 수 있다.

낭만의 인기는 데이터로도 나타난다. 낭만이라는 단어의 언급량

은 2021년 중반부터 지속적으로 증가하고 있다. 소셜 빅데이터 분석 플랫폼 LUCY2.0을 통해 2019년 1월부터 2024년 7월까지 소셜미디어에서의 낭만 키워드 언급량 추이를 확인해봤다. 2019년 1월에는 2만 5000건 정도였던 데 비해 2024년 7월에는 7만 건 수준으로 약 2.8배 증가했다.

2010년대 중후반을 돌이켜보면 낭만이 지금처럼 주목받진 못했다. 2012년을 마지막으로 대학가의 낭만이라고 불리던 MBC 〈대학가요제〉가 폐지됐고 높아진 취업난으로 낭만을 좇는 동아리보다는 취업 스펙을 쌓는 데 실질적으로 도움이 되는 자기계발 동아리나 대외 활동이 인기를 끌었다. 길어지는 경기 침체로 팍팍한 현실에 각자도생해야 한다는 인식이 팽배하던 시기, 낭만은 현실을 사는 데 도움이 되지 않는 허황된 개념이었고 당장 필요하지 않은 것이었기에 이 시기에는 낭만적이거나 감성적인 것을 '오글거린다'고 표현하며 멋있지 않다고 여기기도 했다.

이런 인식 탓에 2010년을 달군 멘토 열풍이 사그라들기도 했다. 2010년대 초반에는 앞선 시대를 살아가며 온갖 역경을 이겨내고 성공한 멘토가 지금 이 시대를 살아가는 힘든 청년에게 '충분히 잘하고 있다'며 응원과 위로의 메시지를 전하는 것이 인기였다. 멘토의 메시지를 담은 도서가 인기를 끌고 멘토링 붐이 일었다. 그러나 위로와 힐링은 일시적이었고 내가 처한 현실은 달라지지 않았다. 당장 취업이 걱정이고 먼 미래에 경제적·사회적 성공을 이룰 수 있을지 요원하기만 했다. 그러다 보니 이미 성공을 이룬 멘토의 응원과 위로가 더는 청년들에게 와닿지 않았다.

대신 청년들은 현실을 꿰뚫는 직설적인 메시지에 공감하기 시작했다. 막연한 위로와 힐링을 전하기보다 "보람 따위는 됐으니 야근수당이나 주세요"처럼 현실을 반영한 직설적인 사이다 메시지가 인기를 끌었다. 직장인이라면 누구나 할 법한 생각과 애환을 솔직하게 풀어낸 웹툰 〈윤직원의 태평천하〉를 보며 공감하고 '사장님이 친구 같아야 회사도 잘된다'며 위계질서와 상관없이 할 말은 하는 거침없는 '펭수' 캐릭터에 해방감을 느꼈다. 이상적이고 감성적인 메시지보다 정곡을 찌르는 직설적이고 이성적인 팩폭• 을 담은 메시지가 공감을 샀다. 객관적이고 이성적인 것, 현실적이고 실질적으로 도움이 되는 것이 주목받고 낭만과 감성은 무용한 것으로 여겨지던 시대였다.

이렇게 뒷전으로 밀려났던 낭만이 지금 다시 주목받고 있다. 감성을 오글거리는 것으로 치부하던 예전과 달리 이제는 나만의 감성이 있다는 것을 긍정적으로 여긴다. 오히려 그 감성이 선명하고 뾰족할수록 힙하고 멋있는 사람이라고 느끼기도 한다. 과거에는 허황되고 무용하게만 여겨지던 낭만이 지금은 조금 다른 위상을 보이는 것이다. Z세대가 추구하는 낭만의 모습과 낭만적이라고 느끼는 요소에 특별한 차이점이 있는지 알아보고자 Z세대에게 낭만의 의미를 물었다.[16]

"낭만이라고 하면 타인이 보기에 무모하다고 생각되더라도 개의치 않고

• 팩트로 폭행한다는 '팩트 폭행'의 줄임말로 사실을 기반으로 상대방의 정곡을 찔러 심리적 타격을 주는 행위를 뜻하는 신조어

하고 싶은 대로 하는 사람의 모습이 떠올라요. 비 올 때 우산 안 쓰고 비를 맞거나 오글거린다고 생각할지도 모르는 말을 메모로 적는 사람이요." _제트워크 시즌14 참여자 타코야끼(G1192)

"낭만이란 '일상에서 벗어나는 순간'이라고 생각해요. 현실은 바쁘고 지치고 힘들지만 집 가는 길에 바라본 저녁노을에서 낭만을 느끼기도 하잖아요." _제트워크 시즌14 참여자 디기티(Z1183)

Z세대가 낭만을 느끼는 순간이 크게 다르지 않음을 알 수 있는 답변이다. 표준국어대사전에서 낭만의 뜻을 찾아보면 "현실에 매이지 않고 감상적이고 이상적으로 사물을 대하는 태도나 심리. 또는 그런 분위기"라고 정의돼 있다. 현실을 생각하지 않고 뭔가를 하는 것, 다른 사람은 오글거린다고 여기더라도 자신의 감성을 표현하는 것 등 Z세대가 생각하는 낭만 역시 사전적 정의와 유사하며 우리가 낭만을 느낀 순간과도 궤를 같이한다. 즉, 낭만의 개념 자체는 변하지 않았다. 시대 배경과 감성이 달라지면서 한때 무용하다고 여긴 가치가 다시 주목받을 뿐이다.

지금 Z세대가 살고 있는 사회는 개인의 취향과 가치관, 라이프스타일 등이 더 세분화돼 다수가 공유하는 보편적 감성을 느끼기 어렵다. 디지털 기술과 AI 발전으로 효율이 극대화된 사회며 일상에서의 갈등과 스트레스가 극에 달한 사회기도 하다. 이런 사회 배경에서 변하지 않고 향유할 수 있는 가치인 낭만과 인간만이 가질 수 있는 감성, 타인과 나누는 긍정적 교류는 쉽게 찾아보기 힘든 희소한 것이 됐다. 즉, 시대적 결핍이 사람들로 하여금 다시 낭만을 갈구하고 주목하게 한 것이다. 그럼 지금부터 다시 돌아온 시대 감성인 낭만이 Z세대가 즐기는 콘텐츠에 어떻게 녹아 있는지 자세히 살펴보자.

CHAPTER 9.

온전히 내 기준으로 행하는 낭만

낭만은 많은 의미를 내포하고 있다. 역경과 고난 속에서도 사랑을 택하는 모습을 보면 낭만적이라고 하고, 현실보다는 이상을 중시하는 사람을 보면 낭만을 좇는다고 한다. 여행지에서 노을 질 무렵 잔잔한 버스킹 음악을 BGM 삼아 와인을 한잔할 때처럼 감성이 극대화된 순간도 낭만적이라고 한다. 뿐만 아니라 좋아하던 불량 식품을 모아놓은 영상이나 꼬맹이 시절 부모님 차 조수석에서 낮잠에 빠져들 때의 감성을 떠오르게 하는 영상 등 어릴 적 추억과 향수를 자극하는 탐스 계정의 콘텐츠를 보면서도 낭만을 느낀다. 이처럼 낭만 자체에 다양한 의미가 있기에 지금 이 시대의 낭만을 하나로 정의하기는 어려울 것이다. 하지만 요즘 향유되는 낭만에는 특히 두드러지는 공통점이 있다. Z세대가 즐기는 콘텐츠를 중심으로 그것을 알아봤다.

타인에게는 무용하지만 내게는 중요한 것

Z세대 사이에서 낭만의 대명사로 자주 언급되는 단어가 있다. 바로 가수 우즈WOODZ가 만든 '굳이데이'다. 굳이데이란 귀찮더라도 시간을 내서 '굳이' 낭만적인 일을 찾아 하는 날을 말한다.

낭만적인 일이라고 해서 거창한 것은 아니다. 예를 들어 조개구이를 먹고 싶은 날 굳이 인천까지 가서 먹고 오거나 벚꽃을 보기 위해 굳이 빙 돌아가야 하는 길로 귀가하는 등 스스로 낭만이라고 생각하는 일을 하는 것이다. 다른 사람이 보기에는 '굳이?' 싶지만 내게는 낭만이라 느껴진다면 그게 무엇이든 상관없다.

우즈는 굳이데이를 소개하면서 '낭만을 찾으려면 귀찮음을 감수해야 한다'고 했는데 이 말이 Z세대 사이에서 공감을 불러일으키며 각종 커뮤니티와 SNS에 퍼질 정도로 화제가 됐다. 실제로 인스타그램이나 블로그, X 등에 굳이데이를 검색하면 굳이데이를 실천하는 Z세대의 모습을 쉽게 찾아볼 수 있다. 다른 사람이 보기에 '굳이' 싶을 만큼 비효율적이고 공감을 사기 힘든 일이지만 개의치 않고 내게 가치 있는 일을 한다는 점에서 낭만을 진하게 느낀다.

굳이데이라는 말이 붙지 않더라도 이와 유사한 감성을 잘 드러내는 콘텐츠는 Z세대의 따라 하고 싶은 욕구를 자극한다. 최근 뜨고 있는 '랜덤 지도 여행'도 이런 유의 콘텐츠다. 2024년 6월 업로드된 한 릴스 콘텐츠에서 유행이 시작된 여행법 랜덤 지도 여행은 말 그대로 목적지를 랜덤으로 정하고 즉흥적으로 여행을 떠나는

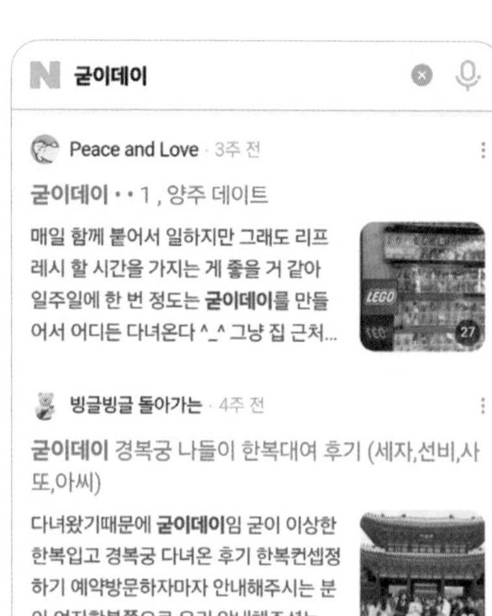

실제 굳이데이를 인증한 블로그 게시글_네이버 블로그 'Peace and Love', 네이버 블로그 '빙글빙글 돌아가는'

것이다.

영상에 등장하는 4명의 친구들은 차에 종이 지도를 펼쳐두고 눈을 가린 후 지도에 펜을 던진다. 그러고는 묻지도 따지지도 않고 지도 위 펜이 찍힌 장소로 즉흥 여행을 떠난다. 미리 장소를 정하고 완벽하게 일정을 짠 여행 대신 그 순간의 선택에 모든 것을 맡기고 비효율적인 여행을 즐긴다.

생각하지도 못한 장소에 당혹스러울 수 있고 계획대로 흘러가지 않는 여행에 답답할 수도 있지만 여행지를 선택하고 떠나는 과정 자체가 이들에게는 '낭만 있는' 일이다. 내 선택에 따라 결과가 달라진다는 것이 무모하게 보여도 그 무모함까지 지금이 아니면 할 수 없는 낭만이라고 여긴다. 댓글을 보면 낭만적이라는 말과 함께 '우리도 해보자'는 말이 대부분이다. 실제로 비슷한 방식으로 랜덤

지도를 펼쳐놓고 랜덤으로 찍은 장소로 즉흥 여행을 떠나는 릴스 콘텐츠와 댓글 내용_인스타그램 @jnyounge

여행을 다녀온 콘텐츠도 볼 수 있다. 예측할 수 없기에 엉망진창일진 모르나 항상 해온 것과 다른 새로운 방법으로 도전하고 부딪혀보는 행위가 Z세대에게는 낭만으로 다가온다.

누군가에게는 이런 랜덤 여행 방식이 비효율적인 행동으로 보일 것이다. 시간도 오래 걸리고 쓸데없이 에너지를 소모하는 일이라 '도대체 왜 저러는 거야?' 하며 공감을 얻지 못할 수도 있다. 하지만 Z세대는 효율을 따지거나 남의 눈을 의식하지 않고 굳이 이런 행위를 즐기면서 낭만이라는 가치를 느낀다. 현실에 얽매이지 않는 것과 다른 사람의 시선과 평가를 신경 쓰지 않고 내가 중요하다고 생각하는 일을 하는 것, 이 2가지가 현재 Z세대가 느끼는 낭만의 속성이다.

어제의 오글거림이 오늘의 감성이 되다

시대 감성이 낭만을 추구하는 쪽으로 변화하면서 자신의 온전한 감성을 드러내는 콘텐츠도 주목을 받고 있다. 특히 인스타그램 매거진에서 이런 흐름이 잘 보인다. 최근 인스타그램을 기반으로 각종 트렌드나 정보를 빠르게 알려주는 매거진 형태 계정이 많아졌는데 패션이나 뷰티, F&B 등 정보성 매거진에서 한 걸음 더 나아가 직접 쓴 글이나 에세이를 소개하는 매거진이 눈에 띄게 늘었다. 취중잡담을 콘셉트로 20대의 일상, 취향에 관한 에세이가 주로 올라오는 매거진《생맥生mag》이나 요일별 주제에 맞는 에세이가 업로드되는《러프 매거진Ruff Magazine》등 자신의 감성을 담은 에세이 콘텐츠가 Z세대의 사랑을 받고 있다.

대표적인 인스타그램 감성 매거진《생맥》의 콘텐츠를 살펴보자. 〈"사랑해"라는 말이 사라진다면〉〈이 신호등이 영원해도 괜찮을 것만 같았다〉〈8월의 크리스마스〉 등 콘텐츠 제목에서 벌써 진한 감성이 묻어나온다. 다음 장으로 넘어가면 이미지 위주로 구성된 보통 인스타그램 콘텐츠와는 달리 텍스트가 빼곡히 차 있다. 마치 옛날에 한 장 한 장 잡지를 넘겨보던 것처럼 향수까지 느껴진다.

정보성 콘텐츠를 주로 공유하는 뉴스레터에도 변화가 보인다. 개인의 이야기를 적은 에세이를 전하는 뉴스레터가 인기를 끌고 있는 것이다. 고선경 시인과 안희연 시인이 쓴 편지를 보내주는《우시사(우리는 시를 사랑해)》, 주간 메일링 잡지를 표방하며 짧은 에세이

취중잡담을 콘셉트로 다양한 주제의 에세이를 소개하는 《생맥》_인스타그램 @saengmag

를 전하는 《풀칠》, 일상에서 떠올릴 수 있는 다양한 이야기를 전달하는 《xyzorba》 등 특정 주제가 있는 것부터 일상의 사소하고 내밀한 생각을 솔직하게 풀어내는 형태까지 종류도 다양하다. 한때는 이렇게 사적인 감성을 드러내는 일을 오글거린다고 치부하기도 했는데 최근에는 이를 오히려 긍정적으로 생각한다. 솔직하게 감성을 드러내는 모습이나 유니크한 감각을 가진 모습을 선망하기도 한다.

싱어송라이터 겸 배우 김창완이 라디오를 진행하면서 청취자에게 쓴 편지가 다시 주목받는 이유도 여기에 있다. SBS 파워FM 〈아름다운 이 아침 김창완입니다〉 라디오 프로그램을 진행한 김창완은 고민 상담 코너에 사연을 보내는 청취자에게 손편지로 답장을 써왔는데 그 내용이 따듯하고 감동적이라 많은 사람들에게 울림을

줬다. 여러 편지 중 가장 유명한 것은 아마 '찌그러진 동그라미'가 그려진 편지일 것이다. 직장 생활로 스트레스를 받아 살이 빠진다는 고민에 김창완은 동그라미 47개를 그려주며 다음과 같이 위로를 전했다.

> "47개의 동그라미 중 2개의 동그라미만 그럴듯합니다. 회사 생활이라는 것도 47일 근무 중에 이틀이 동그라면 동그란 것입니다. 너무 매일매일에 집착하지 마십시오."

더불어 편지 말미에 "예쁘게 그려지지 않은 동그라미들도 네모나 세모가 아닌 찌그러진 동그라미"라는 말을 덧붙이며 너무 완벽할 필요가 없다는 말을 그만의 언어로 풀어냈다.

해당 편지는 처음 공개된 2014년뿐 아니라 10여 년이 지난 지금까지도 계속해서 각종 SNS에 '끌올'되며 화제가 되고 있다. 김창완이라는 사람이 가진 독보적인 감성과 연륜, 그간 보여준 꼰대스럽지 않은 생각이 편지에 묻어 있어 대중의 마음에 와닿은 것이다. 이런 인기에 힘입어 그는 2024년 3월, 23년간 진행한 〈아름다운 이 아침 김창완입니다〉 마지막 방송을 마친 후 프로그램 오프닝 멘트와 청취자에게 보낸 고민 해결 편지를 모아 에세이를 발간하기도 했는데 라디오 주 청취자가 아니었던 Z세대 사이에서도 이 책이 주목받았다.

Z세대가 추구하는 감성의 모습도 예전과 달라졌다. 몇 년 전까지는 감성이라고 하면 인스타그램 감성을 떠올렸지만 최근 Z세대 사

김창완이 라디오를 진행하며 청취자에게 쓴 편지를 엮은 책_김창완, 《찌그러져도 동그라미입니다》, 웅진지식하우스

이에서는 핀터레스트 감성이 뜨고 있다. Z세대가 생각하는 인스타그램 감성은 정제되고 편집된, 다른 사람에게 보여주기 위해 예쁜 컷을 선별한 느낌에 가깝다. 대학내일20대연구소 조사 결과에서도 Z세대는 의도해서 예쁘게 찍은 A컷 사진을 인스타그램 피드 감성이라고 표현했으며 이제는 이를 트렌디하지 않다고 생각했다. 반면 지금 Z세대가 힙하다고 생각하는 핀터레스트 감성은 자연스럽고 꾸밈없는 것이 특징이다. 흐릿한 화질, 파파라치 구도 등 무심한 느낌의 사진이 대부분으로 Z세대는 정제된 것보다 자연스러운 감성을 선호한다. 추구하는 감성이 달라지면서 소셜미디어에서의 키워드 언급량에도 변화가 나타났다. 과거에는 패션과 인스타그램이 함께 언급되는 경우가 많았다. 인스타그램 감성이 담긴 패션이 이들이 추구하는 스타일이었기 때문이다. 하지만 2023년 7월부터

인스타그램 감성이 아닌 핀터레스트 감성

Z세대가 생각하는 핀터레스트 감성과 인스타그램 감성 비교

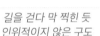

'핀터레스트 감성' 키워드

길을 걷다가

자연스러운

꾸밈없는

무심한

흐릿한 화질

"꾸며서 내는 멋보다 ***자연스럽게 나오는 멋****이*
우리가 좀 더 추구하는 멋*인 것 같아요."*

"꾸며내지 않아서 나오는
자연스러운 바이브…"

▼

길을 걷다 막 찍힌 듯
인위적이지 않은 구도
자연스러운 자세와 배경

'인스타그램 감성' 키워드

*"****예쁜 카페****에서* ***각 잡고*** *누가 생각하든*
다 똑같은 구도*는 좀 이제 없어진 느낌…"*

*"****인스타그램 피드의 각 잡고 정적인 이미지****보다*
핀터레스트처럼 무심한 *게 유행하잖아요."*

각 잡힌, 고정된 구도
조금 더 신경 써서 찍은 정제된 느낌

핀터레스트, 인스타그램과 패션을 조합한 소셜미디어 언급량 추이

- 기간: 2022.07.01.~2024.06.30.
- 키워드: 핀터레스트+패션, 인스타그램+패션
- 채널: 커뮤니티, 블로그, 카페, X, 인스타그램, 유튜브

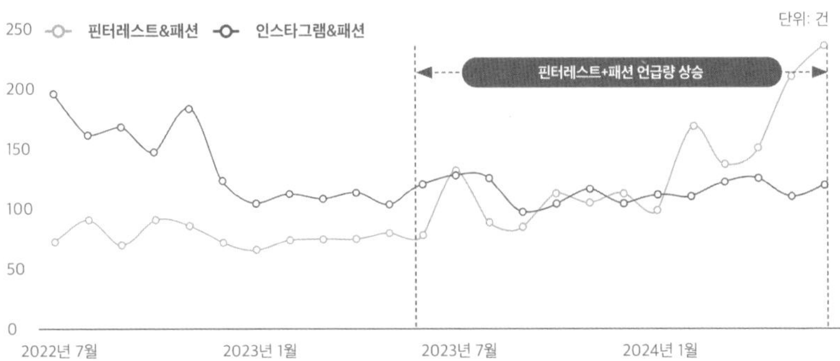

- 출처: <2024년 패션 트렌드를 통해 살펴본 Z세대의 특징>, 대학내일20대연구소, 2024.07.17.

인스타그램과 패션이 함께 언급된 수치는 하락하거나 유지되는 반면 핀터레스트와 패션의 언급량은 증가하고 있다. 자연스러운 핀터레스트 감성이 각광받고 있음을 보여준다.

이처럼 Z세대가 추구하는 이미지는 다른 사람에게 보여주기 위해 꾸며내는 것이 아니라 내 감성을 자연스럽게 드러내는 것으로 변화했다. 다른 사람을 신경 쓰지 않고 낭만을 추구하듯이 감성을 표현하고 드러내는 일의 방점도 '나'에 찍혀 있는 것이다.

꿋꿋하게 나만의 길을 걷는 데서 오는 낭만

Z세대가 낭만을 느끼는 순간은 또 있다. 바로 자신이 추구하는 바를 끈기 있게 이뤄나가는 과정을 봤을 때다. 특히 이런 면모는 밴드에서 뚜렷하게 나타난다. 2024년에는 유독 유튜브나 커뮤니티 댓글에서 '밴드 붐은 온다'는 말이 자주 보였다. 2024년 한 해 동안 데이식스, 루시, 실리카겔 등 이미 데뷔한 밴드부터 10대나 대학생이 결성한 아마추어 록 밴드까지 여러 그룹이 사랑받았다. 록이나 밴드를 잘 모르더라도 '록 스피릿•'이나 '헝그리 정신••'이라는 말은 들어봤을 것이다. 예전부터 록 밴드의 기본 정신이 남 눈치 보지 않고 자유롭게 음악하는 것을 표방했기에 록 밴드에는 하고 싶은 말을

• 음악 장르인 록에서 유래한 용어로 사회규범이나 기존 질서에 대한 저항, 자기표현의 자유, 개성과 자율성 존중, 열정적이고 감정적인 에너지를 포함하는 정신적 가치나 태도

•• 끼니를 잇지 못할 만큼 어려운 상황에서도 꿋꿋한 의지로 역경을 헤쳐나가는 정신

태안여중 밴드부 홍보 영상_인스타그램 @village_pops

음악에 담고 역경이 있더라도 끈기 있게 음악을 해나간다는 이미지가 있었다. 이제는 시대가 변해 헝그리 정신은 옅어졌지만 다른 사람의 평가나 판단을 신경 쓰지 않고 지향점을 꿋꿋하게 추구해 나간다는 록 스피릿은 이어지는 듯하다.

10대들이 자발적으로 만드는 밴드도 주목받고 있다. 2024년 3월 초 태안여자중학교 밴드부 TYZ의 홍보 영상이 SNS에서 화제를 모았다. 별다른 편집 기술이나 장치 없이 밴드 실리카겔의 〈NO PAIN〉을 커버하면서 중간에 신입 부원을 모집한다는 장면 하나만 삽입했을 뿐인데 조회 수 97만 회(2024년 8월 기준)를 돌파했다. 중학생이지만 연주와 보컬 실력이 수준급이라는 점도 인기 요소였지만 무엇보다 순수하게 음악을 즐기는 모습이 낭만적이라며 좋아하는 반응이 많았다. 원곡자인 실리카겔 멤버가 자신의 SNS 계정에 이 영상을 올리며 더욱 화제가 됐는데 이후 인기에 힘입어 밴드부 학생들이 각종 뉴스에 보도되고 tvN 〈유 퀴즈 온 더 블럭〉에도 출연했다.

댓글을 보면 이 밴드부에 각자 뭔가에 열중했던 청춘의 순간을 투영하는 모습을 발견할 수 있다. 게다가 밴드부 결성 비하인드 스토리에는 원하는 것을 이루기 위한 이들의 노력이 담겨 있다. 유튜브에서 기타 치는 영상을 접한 리더가 친구와 함께 기타를 배우고 밴드를 만들고 싶어 다른 친구들을 영입하고 드러머가 없어 고심하던 중 새로 부임한 과학 선생님을 설득한 끝에 밴드부를 결성해 마침내 무대에 설 수 있었던 과정이 밴드의 서사가 됐다. 인원이 부족해 동아리로 인정받지 못하고 무대에 서지 못할 뻔하는 등 현실의 벽에 부딪힐 때마다 노력을 통해 극복해온 모습이 감동으로 다가온다. 특히 누군가 시켜서 한 것이 아니라 스스로 밴드가 하고 싶어서 한 일이라는 점에서 낭만을 느끼는 것이다.

밴드 오이스터즈 사례도 이와 유사하다. 오이스터즈는 록스타가 되고 싶은 쌍둥이 형제가 밴드를 결성해가는 과정을 인스타그램 릴스로 업로드하며 SNS에서 큰 관심을 받았다. 〈17살에 쌍둥이랑 록스타 되기 1일 차〉라는 제목으로 올린 첫 영상은 두 형제가 록 불모지인 대한민국에서 전 세계적인 록스타가 되겠다고 다짐하며 자신들을 간단히 소개하는 것만으로 약 37만 회의 조회 수와 1만 개

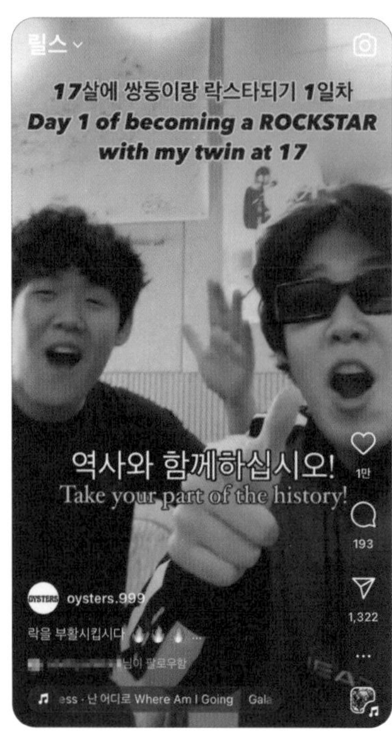

오이스터즈가 자신들의 역사에 함께하자며 올린 인스타그램 영상_인스타그램 @oysters.999

가 넘는 좋아요를 받았다(2024년 8월 기준). 이후 밴드 이름을 정하고 드러머를 구하기 위해 포스터를 만들어 붙이는 등 밴드를 결성하는 과정부터 곡을 제작하고 싱글 앨범을 발매하기까지 날것의 모습을 콘텐츠로 만들어 점차 성장하는 모습을 보여준다. 어쩌면 무모할 수도 있는 도전이지만 실행력과 패기에 감동해 이들을 응원하는 팔로워가 증가했다.

과거 이런 밴드들은 MBC 〈대학가요제〉 같은 무대에서 공연을 선보이며 유명해졌다. 하지만 〈대학가요제〉가 폐지되고 TV 자리를 유튜브가 대신한, 개인 취향에 기반한 알고리즘 시대에 돌입하면서 대중문화는 더욱 파편화되고 세분화됐다. 누구나 챙겨 보는 프로그램의 존재가 사라진 지금 시대에는 SNS가 나를 보여주는 무대다. 외부 시스템에 의해 만들어진 것이 아니라 본인 SNS에 직접 만든 이야기와 콘텐츠를 업로드하며 수많은 사람에게 '나'의 이야기를 전한다. 물론 여기에 밴드만 해당하는 것은 아니다. 음악을 비롯해 그림이나 글 같은 예술 작품으로 감성을 드러내기도 하고 사업이나 운동을 하는 과정을 콘텐츠로 보여주기도 한다. 이렇게 목적을 달성하기 위해 서사를 만들어가며 결과물을 축적하는 모습이 Z세대 사이에서는 낭만으로 인식되며 계속해서 향유되고 있다.

CHAPTER 10.

떡상• 콘텐츠에는 휴머니티가 있다

2024년 Z세대에게 사랑받은 콘텐츠의 또 다른 공통점은 휴머니티가 녹아 있다는 점이다. Z세대는 아무리 세상이 변한다 해도 마지막 순간까지 변하지 않을 본질적 가치, 휴머니티를 추구하며 따듯한 감성이 담긴 콘텐츠에 적극적으로 반응한다. 개인 간 갈등이 늘어나고 경쟁이 심화된 사회에서는 끊임없이 스스로를 검열하며 살아가야 하다 보니 인간미 넘치는 장면을 찾아보기 힘들다. 현실에서 결핍된 휴머니티를 콘텐츠를 통해 채우는 셈이다. 여기서의 휴머니티는 대의를 위해 뭔가를 희생하거나 환경을 보호하려는 노력처럼 거창한 것이 아니다. 일상에서 결핍된 감정을 채워주고 이들이 지향하는 좋은 관계를 그려가며 꾸며내지 않은 자연스러운 모습을 보여주면 충분하다.

• 원래는 주식이나 비트코인 등의 가격이 급등하는 것을 의미하지만 특정 대상의 인기가 갑자기 높아졌다는 뜻으로도 사용됨

다시 주목받는 순애

드라마 속 매력적인 남자 주인공 하면 어떤 캐릭터가 떠오르는가? 한동안은 부유하고 잘생겼지만 약간은 까칠한 스타일이 주로 인기를 끌었다. SBS 〈시크릿 가든〉의 김주원, SBS 〈별에서 온 그대〉의 도민준 같은 스타일이 대표적이다. 그런데 최근 남자 주인공의 설정이 달라지기 시작했다. 과거에는 서브 남자 주인공 캐릭터에 그쳤을, 여자 주인공만을 바라보고 헌신하는 지고지순한 남자 주인공이 인기를 끌기 시작한 것이다.

2024년 상반기 화제의 드라마를 꼽으라면 tvN의 〈눈물의 여왕〉과 〈선재 업고 튀어〉를 빼놓을 수 없다. 두 드라마 속 남자 주인공에게는 차도남보다는 따듯한 순정남이라는 단어가 더 어울린다. 〈눈물의 여왕〉 남자 주인공 백현우는 명문대 출신에 대기업 법무팀장으로 일하는 능력 있고 잘생긴 남자지만 '까칠한 재벌 3세'와는 거리가 멀다. 평범한 가정에서 자랐고 귀엽지만 조금은 허술한 모습이 부각되는 캐릭터다. 〈선재 업고 튀어〉 남자 주인공 류선재 역시 여자 주인공 임솔만을 15년 동안 짝사랑하는 순애보적 면모를 보여준다. 심지어 임솔을 구하기 위해 자신이 죽는다고 해도 마다하지 않을 만큼 헌신적이다.

이 둘의 공통점은 극의 처음부터 끝까지 오직 여자 주인공만을 바라보는 순정남이라는 것이다. 연애에서도 서로 재고 따지는 것이 기본인 지금, 계산적이지 않고 여자 주인공만을 위해 헌신하는

순애보 남자 주인공으로 사랑받은 드라마 <눈물의 여왕> <선재 업고 튀어>_tvN

모습은 재벌 3세보다 더 비현실적이다. 현실에 없는 판타지를 채워 주는 남자 주인공 덕분에 드라마는 큰 인기를 끌었다.

남녀 주인공의 순정과 헌신적 사랑이 중요하게 다뤄지는 것도 시대 감성을 반영한다. 〈눈물의 여왕〉과 〈선재 업고 튀어〉 모두 한쪽의 일방적인 사랑이나 헌신이 아닌 서로를 절절하게 사랑하고 위하는 모습을 그린다. 이혼한 전남편 백현우가 누명을 쓸 위기에 처하자 백화점 대표 자리를 걷어차고 기자회견장에서 자신이 시한부 판정을 받았다는 사실을 폭로하는 여자 주인공 홍해인, 류선재의 사고를 막기 위해 자신이 대신 죽을 결심까지 하는 임솔 모두 말 그대로 '목숨 걸고' 사랑하는 모습을 보여준다.

일상에서 따듯한 인간성을 찾아보기 힘든 요즘, 변하지 않고 한 사람만을 바라보는 순수한 사랑은 비현실적이어서 더 가치 있게 다가온다. 한때는 답답하고 고리타분한 것으로 여겨진 순수한 사랑이 다시 조명되는 이유다. 이런 니즈를 잘 읽어내고 찰떡같이 반영해 주인공의 순애 모먼트를 부각한 드라마가 사랑받는 것은 어쩌면 예견된 일이었는지도 모른다.

이상적 관계를 보여주는 콘텐츠의 인기

앞서 Z세대가 콘텐츠를 통해 관계를 배우는 모습을 살펴봤는데, 배움 목적과 상관없이 관계성을 보여주는 콘텐츠가 Z세대의 사랑을 받는 경향도 두드러진다. 《Z세대 트렌드 2024》에서도 Z세대가 좋아하는 'Raw 콘텐츠'라는 키워드를 언급하며 날것의 관계를 보여주는 커플, 부부 인플루언서가 뜨고 가족과의 일상을 콘텐츠로 소비하는 현상을 조망했다. 2023년에는 인물 간 관계에서 드러나는 날것의 느낌에 초점을 뒀다면 2024년에는 여기서 더 나아가 이들이 생각하는 '이상적 관계'가 잘 드러난 콘텐츠가 인기다.

2024년 첫 영상을 올리기 시작해 같은 해 8월 기준 벌써 구독자 100만 명을 넘긴 '인생 녹음 중' 채널의 인기 이유도 행복해 보이는 부부 관계다. 인생 녹음 중은 부부의 평소 일상을 녹음한 뒤 애니메이션을 입히는 방식으로 콘텐츠를 제작하는 채널이다. 어떤 상황에서든 재치 있게 상황극을 하는 아내와 환상의 호흡으로 이를 받아주는 남편의 모습을 보며 '티키타카가 너무 잘돼서 부럽다', '남

운전 중 갑자기 노래를 부르는 아내와 추임새를 맞춰주는 남편_유튜브 인생 녹음 중

편이 아내를 사랑스러워하는 모습이 보인다', '둘이 행복해 보여서 보는 내가 다 행복하다' 같은 긍정적 댓글이 이어지고 있다. 둘 중 하나라도 갑작스러운 상황극을 받아주지 않으면 콘텐츠가 될 수 없는데 서로 잘 반응해주기에 재밌는 결과물이 나온다. 이 부부가 서로를 대하는 태도와 이를 통해 전달되는 둘의 감정을 '이상적인 부부 관계'라며 부러워하는 것은 현실에서는 이런 부부의 모습을 찾아보기 어렵기 때문이다.

이와 비슷하게 신혼부부의 일상을 애니메이션으로 표현한 '뿌의 신혼생활', 장인어른과 사위의 케미•를 보여주는 '주서방', 아이와 부부의 단란한 모습을 담은 '태요미네' 등 사이 좋은 가족 관계를 엿볼 수 있는 콘텐츠가 계속 사랑받고 있다. Z세대에게 요즘 호감

• 영어 단어 'Chemistry'에서 유래한 말로 서로의 궁합이나 호흡을 일컬으며 주로 인물이 잘 어울릴 때 사용함

가는 인플루언서를 물어봤을 때도 관계에 초점을 맞춘 답변이 눈에 띄었다. 이들을 부러워하는 데서 나아가 그 태도를 배우고자 하는 모습도 보인다.

> "주서방이 장인어른 앞에서 춤추고 노래도 하고 재롱을 부리는데, 어려울 법한 장인어른에게 스스럼없이 장난치는 것도 신기하고 시트콤 보는 느낌이라 챙겨 보고 있어요. 먼 미래지만 저도 저런 해피 바이러스 배우자가 되고 싶어요." _제트워크 시즌14 참여자 빵애(B1053)

일상에서 갈등과 혐오의 정서를 체험하는 순간이 늘면서 갈등 없는 상황과 긍정적 관계에 대한 갈증이 심해졌지만 현실에서 이를 해소하기는 어렵다. 그래서 Z세대는 감정적 유대감이 느껴지는 관계를 담은 콘텐츠를 소비하면서 휴머니티를 느끼고 이상적 관계에 대한 니즈를 충족하고 있다.

AI에서 감성을 찾는 Z세대

2024년, AI가 이슈가 된 지 아직 2년이 채 안 됐지만 우리는 벌써 일상에서 다양하게 AI를 활용하고 있다. 챗GPT로 과제나 업무, 심지어 자기소개서나 면접 준비를 도움받기도 하고, AI 필터를 활용해 프로필 사진을 만들거나 사진 속 거슬리는 부분을 AI 지우개로 지우는 등 자연스럽게 사용하는 모습이 자주 보인다.

AI가 일상에 자연스럽게 녹아들어 소소하게 쓰이면서 Z세대가 AI를 받아들이고 활용하는 모습에도 변화가 생겼다. 감정 교류를 하거나 자신만의 창작물을 만들어 다른 사람과 공유하며 AI를 적극적으로 갖고 논다. AI로 새로운 목소리를 생성하거나 자기 목소리를 변조하기도 하고 아예 다른 인물의 목소리처럼 커버하기도 하는 등 기술 발전에 따른 다양한 AI 활용 콘텐츠가 쏟아져 나왔다. 숏폼 영상에 AI로 생성한 목소리를 입혀 더빙하기도 하고 듣고 싶은 가수의 목소리로 노래를 변환한 AI 커버곡 영상도 쉽게 찾아볼 수 있다.

여기서 더 나아가 사람이 AI를 따라 하는 콘텐츠도 등장했다. 자신의 AI 프로필 사진을 따라 하거나 이미 AI로 커버한 노래를 다시 따라 부르는 식의 다양한 콘텐츠가 있는데 그중에서도 유튜브 채널 '청계산댕이레코즈'의 커버곡 영상이 인기를 끌었다. AI라고 하기에는 너무 사람 같은 창법과 '처음이라 부족하다'는 멘트 때문에 금세 채널 주인이 AI가 아닌 배우 조정석이라는 사실이 들통났지만 반응은 오히려 좋은 편이다. 정체를 숨기는 데 실패한 부분에서 인간미가 드러났기 때문일 것이다. 오히려 완벽하게 커버했다면 끝까지 채널 주인의 정체를 몰랐거나 지금만큼의 폭발적인 반응은 얻지 못했을 수도 있다.

최근 Z세대 사이에서 인기를 끌고 있는 버추얼 아이돌• 도 마찬가지다. 외형은 물론 자아까지 컴퓨터 그래픽과 AI로 만들어진 경

• 컴퓨터 그래픽, AI 기술, 모션 캡처 등으로 만들어진 캐릭터(아바타)의 모습으로 활동하는 아이돌

팬들에게 입덕 영상으로 꼽히는 플레이브 오류 모음집_틱톡 @plave_forever

우도 있지만, 현재 Z세대 사이에서 인기를 끄는 이들은 컴퓨터 그래픽 뒤에 AI가 아닌 진짜 사람이 있는 버추얼 아이돌이다. 대표적으로 플레이브를 들 수 있다. 플레이브는 독자적인 알고리즘을 바탕으로 한 솔루션을 통해 실시간으로 팬들과 소통하고 있다. 플레이브는 신곡을 낼 때마다 유튜브 인기 급상승 동영상에 오르더니 지상파 음악 방송 1위를 차지하고 콘서트는 전석 매진, 팝업 스토어에는 일 평균 5000명이 몰리는 등 버추얼 아이돌로서 심상치 않은 행보를 보여왔다. 플레이브 팬 사이에서는 이들의 매력 요소로 '인간미'와 '아날로그 감성'이 자주 언급된다. 기술의 정점에 서 있는 버추얼 아이돌에게 어울리지 않는 단어라 생각할 수도 있지만 플레이브 멤버들이 팬을 대하는 태도를 살펴보면 인간적인 면모와 따듯한 감성을 확인할 수 있다. 멤버들이 팝업 스토어에 몰래 찾아가 팬들을 위한 메시지를 남겨둔다거나 SNS 서비스를 통해 실시간으로 함께 영화를 시청하는 등 낭만적인 면모를 보여준다. 물리적으로 만날 수 없다는 한계를 뛰어넘는 긴밀한 소통이 플레이브와 팬의 유대감을 돈독하게 만들어주는 것이다. 라이브 방송과 자체 콘텐츠에서 멤버 간 관계성이 뚜렷하게 드러나기도 한다. 아직 완벽하지 않은 그래픽 기술 때문에 라이브 방송 중 공중 부양을 하거나 손이 꺾이는 등의 오류가 발생하는데 당황하며 이를 수습하는 모습을 보고 오히려 '인간미 넘친다'며 재미 요소로 여긴다. 팬들은 이런 오류 장면을 모아 팬 콘텐츠를 만드는데 이는 입덕 영상으로 꼽히기도 한다. 팬들과의 소통, 콘텐츠에 녹아 있는 인간미, 노력하고 성장하며 만들어가는 서사는 매력의 핵심 요소다.

Z세대는 AI를 활용해 감정을 교류하기도 한다. 자신이 좋아하는 애니메이션이나 웹툰, 영화 등 콘텐츠 속 캐릭터의 설정값을 활용해 직접 챗봇을 만들고 실제 캐릭터와 대화하는 것처럼 메시지를 주고받는다. 특정 캐릭터의 성격이나 대인 관계, 가치관 등 전반적인 배경을 미리 설정해두므로 챗봇은 세계관에서 벗어나지 않는 대답을 해준다.

X, 틱톡 같은 SNS에 AI 챗봇 캐릭터와의 대화 내용을 공유하는 모습도 쉽게 볼 수 있다. 원하는 AI 캐릭터를 직접 생성할 수 있는 서비스 '제타'는 출시 2개월 만에 이용자가 16만 명을 돌파할 정도로 인기를 끌었다. 꼭 캐릭터를 만들 필요 없이 다른 사람이 생성한 캐릭터와도 대화할 수 있다는 점이 특징이다.

웹툰 <가비지 타임> 속 캐릭터 기상호와 대화를 나누는 모습_네이버 웹툰 캐릭터챗 이용 화면

네이버 웹툰도 이런 흐름을 읽고 작품 속 캐릭터와 1:1로 대화할 수 있는 AI 채팅 서비스 '캐릭터챗'을 출시했다. 캐릭터챗에는 '일상 대화'와 '롤플레잉' 2가지 모드가 있다. 일상 대화 모드에서는 웹툰 세계관을 토대로 이야기를 나눌 수 있고 롤플레잉 모드에서는 작품 스토리와 상관없이 평행우주에 존재한다는 설정 아래 캐릭터와 상황극처럼 역할놀이를 할 수 있다. 네이버 웹툰에 따르면 출시 1개월 만에 접속자 수 100만 명을 돌파할[17] 정도로 많은 관심을 받았다. 웹툰 IP를 활용한 챗봇이지만 실제 캐릭터와 소통하는 느낌을 받을 수 있고 롤플레잉 모드로 캐릭터와 여러 유형의 관계를 맺을 수 있다는 점이 Z세대의 흥미를 끌었다.

AI 챗봇 생성 플랫폼 '러비더비'에서는 대화를 통해 AI 챗봇의 호감도를 높일 수 있고 호감도에 따라 채팅할 때 사용 가능한 모드가 달라진다. 연애 시뮬레이션 게임을 플레이하는 듯한 느낌으로 대화하는 것이다. AI와 관계를 형성하려는 시도가 흥미롭게 느껴진다.

한편 AI 챗봇에게 고민을 상담하는 모습도 보인다. 기술의 집약체인 AI에게 고민 상담이라니 의아하게 느껴질 수도 있지만 의외로 AI 챗봇을 스트레스 해소용으로 사용한다는 Z세대가 많다. AI가 상황을 객관적으로 바라보고 해결책을 제시해줘서 도움이 됐다는 반응도 있고 균형 잡힌 답변을 들으면 북받친 감정이 진정된다는 의견도 있다.[18] 주변 친구에게 고민을 털어놓자니 내밀한 감정까지 전부 말해야 해서 부담스럽고 약점을 보이는 것 같아 망설이게 되는데 AI라서 마음이 편하다는 장점도 있다. 감정을 해소하는 수단으로 AI를 적극 활용하는 것이다. 이렇게 AI에 마음을 주고 감정 교류를 지속한다면 앞으로 Z세대에게는 AI가 친구처럼 큰 영향력을 가진 존재가 될 수도 있지 않을까?

지금까지 Z세대가 즐기는 콘텐츠를 통해 이들이 좇는 가치를 확인해봤다. 이들은 현실에서 충족하기 어려운 순수한 사랑, 무조건적 믿음 같은 감정을 콘텐츠로 채우며 대리 만족하고 자신이 생각하는 이상적인 관계를 그린 콘텐츠를 보며 휴머니티를 느낀다. 심지어 AI 콘텐츠에도 감성이 중요한 요소로 자리 잡았다. Z세대에게 사랑받는 콘텐츠를 만들기 위해서는 결국 이들의 이런 욕구를 건드려야 한다. 인간만이 향유할 수 있는 감성을 콘텐츠에 녹인다면 떡상의 기본 요소는 갖춘 셈이다.

ISSUE 4의 결론

Z세대가 생각하는 낭만 건드리기

Z세대가 추구하는 시대 감성인 낭만을 마케팅 요소로 활용하면 좋은 반응을 이끌어낼 수 있다. 이들은 낭만을 위해 귀찮음을 감수할 준비가 돼 있으므로 프로모션이나 이벤트 참여 과정이 번거로운 것은 크게 신경 쓰지 않는다. 오히려 굳이 찾아오게 하는 장치를 재밌다고 느낄 수도 있다. 단, 번거로움을 상쇄할 만큼 독보적인 감성이 있거나 자신이 생각했을 때 그 과정 자체가 낭만적인 경우에만 유효한 이야기다.

이렇게 말하면 너무 어렵게 느껴지겠지만 Z세대가 낭만이라고 생각하는 요소 중 우리 브랜드와 연관 있는 것을 골라 연결하면 된다. 낭만 마케팅을 잘하고 있는 곳 중 하나가 출판사 문학동네다. 문학동네는 공식 인스타그램에 전화번호 하나를 올리고 그 번호로 전화하면 랜덤으로 문학동네 시집에 수록된 시 한 편을 낭독해주는 이벤트를 진행했다. 이 이벤트는 X에서 1만 5000건 이상 재게시됐고 인스타그램과 온라인 커뮤니티에서도 큰 화제가 됐다. Z세대에게는 다소 거리가 먼 '전화'라는 수단과 개인의 감성을 온전히 드러내는 '시'라는 콘텐츠가 만나 낭만 모먼트가 더욱 극대화된 사례다. 전화보다 카카오톡이 더 편한 요즘 시대에 굳이 전화를 거는 일이 귀찮기도 하지만 오히려 Z세대에게는 새로움으로 다가왔을 것이다. 듣고만 있으면 되기 때문에 부담스럽지도 않고 랜덤으로

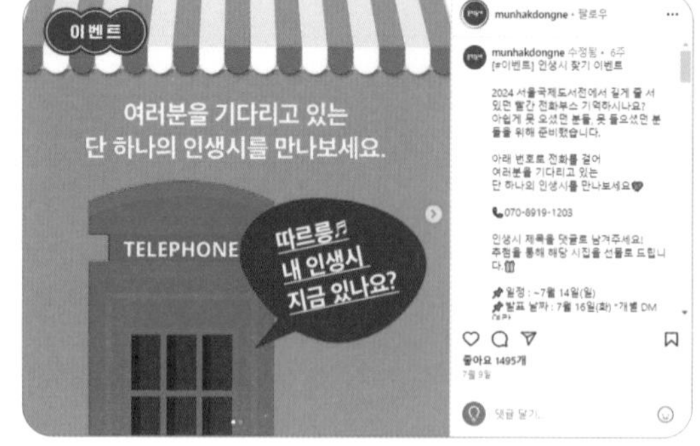

문학동네에서 진행한 인생시 찾기 이벤트_인스타그램@munhakdongne

시를 낭독해주는 것도 제법 낭만적이다. 예기치 않은 행복을 준다는 점에서 랜덤 여행을 선호하는 모습과 유사한 결을 보인다.

이처럼 텍스트가 힙하고 감성을 느낄 수 있는 요소가 됐으니 이를 잘 활용하면 Z세대의 반응을 이끌어낼 수 있다. Z세대가 추구하는 낭만은 방점이 '나'에 찍혀 있으므로 내 상황에 맞거나 내가 듣고 싶어 하는 주제의 시 혹은 소설 문구를 보내주는 이벤트를 기획해봐도 좋겠다. 주의할 점은 우리가 대신 그들의 낭만을 정의해주면 안 된다는 것이다. Z세대가 낭만이라 생각하는 순간에 스며들어 이들이 즐길 수 있는 장을 만들어주는 것이 중요하다.

한편 지금 가장 주목받는 기술을 말하라면 AI를 빼놓을 수 없다. AI는 기술 발전과 빠른 상용화로 우리 일상에 자연스럽게 침투했고 이는 효율 극대화와 상향 평준 시대를 이끌었다. 특히 Z세대는 AI 기술을 빠르게 받아들이고 금세 체화해 직접 챗봇을 만들거나 AI를 활용해 재밌는 짤을 생성하는 등 자유자재로 AI를 갖고 논다.

이런 흐름에 따라 기업에서도 AI를 활용한 마케팅 트렌드가 확산되고 있다. 보통 AI를 활용한 마케팅은 'AI로 이런 것까지 할 수 있다'는 것을 보여주는 데 초점을 맞춘 경우가 대부분이다. 그러면 새로운 기술에 놀라워하고 호기심을 표할 수는 있지만 관심은 오래가지 못한다. Z세대는 AI를 활용할 때도 인간적인 면모에 재미를 느끼고 감정을 담아 교류하는 등 감성적으로 접근한다. 이 부분에 주목해야 한다. Z세대가 자발적으로 참여해 AI를 갖고 놀게 만들려면 그들의 놀이 문화에 편승해야 한다.

요즘 Z세대 사이에서는 챗GPT를 활용해 롤플레잉을 하는 영어 회화 공부법이 뜨고 있다. 챗GPT에 설정값을 부여하고 특정 상황에 맞게 영어로 대화하는 것이다. 예를 들어 비즈니스 영어 회화를 공부하고 싶다면 '나는 미국 IT 회사에서 소프트웨어 엔지니어로 일하고 있고 직장에서 더 잘할 수 있게 영어 회화를 공부하고 싶다. 당신은 내 영어 선생님이고 내가 틀린 표현을 사용하면 더 나은 표현을 추천해달라' 같은 프롬프트를 입력하면 된다. 이런 식으로 해외여행에 갔을 때, 영어 면접을 앞두고 있을 때 등 여러 상황에 대비할 수 있다.

여기서 AI에게 더 구체적인 설정을 부여한다면 어떨까? 우리가 잘 아는 역사적 인물부터 주변 유명인, 게임이나 만화 속 캐릭터까지 무엇이든 가능하다. AI에 특정 인격이나 세계관을 부여하고 롤플레잉할 수 있게 만들어준다면 Z세대의 흥미를 유발할 수 있다.

최근 AI로 다시 태어난 철학자의 모습도 눈에 띈다. 피크닉에서 진행한 '회사 만들기' 전시에는 AI 소크라테스를 구현해 대화할 수 있게 한 체험 코너가 있었다. 소크라테스의 사상을 AI에 심어두고

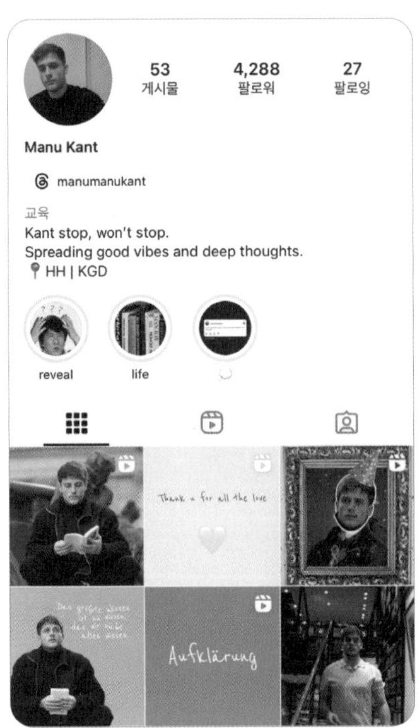

철학자 칸트를 구현한 AI 인플루언서 마누_
인스타그램 @manumanukant

그 가치관에 맞게 답변을 해주는 형태였다. 전시 후기에는 소크라테스와 대화하기 코너가 재밌다는 반응이 많았다.

비슷한 사례로 쇼펜하우어의 사상을 AI에 심어 고민 상담이나 심리 분석을 할 수 있게 챗봇으로 만든 유튜브 콘텐츠도 화제가 됐다. 철학자 칸트를 AI로 구현한 사례도 있다. 독일 단체인 칸트와 쾨니히스베르크의 친구들Friends of Kant and Königsberg은 광고회사와 협력해 AI로 칸트를 재탄생시켰다. 바로 23세 AI 인플루언서 '마누'다. 마누는 칸트가 내세운 평화와 공존 메시지를 요즘 언어와 방식으로 쉽게 전달하며 알리고 있다.

이런 식으로 브랜드의 페르소나와 가까운 인물을 AI로 만들어 Z세대와 대화하게 해준다면 이들이 자발적으로 홍보에 나서줄지도 모른다. 가치관이나 철학처럼 무거운 주제도 있지만 음식, 뷰티, 패션 등 라이프스타일과 밀접한 가벼운 주제도 얼마든지 다룰 수 있다. AI 패션 크리에이터가 내게 맞는 스타일을 추천해준다거나 디저트 '잘알•'로 알려진 AI 먹스타그래머가 먹잘알 조합을 알려줄 날을 기대해본다.

• 특정 분야를 잘 아는 사람

PART 2.

트렌드가 보이는 변화의 모멘트

MOMENT 1.

추구미

Z세대
트렌드 코어

사람들의 취향이나 라이프스타일이 점점 더 세분화되면서
대중이 열광하는 메가트렌드Megatrend는
찾아보기 어려워졌다.
대신 소수가 열광하는 마이크로트렌드Microtrend가
그 빈자리를 채운다.
이제 단순히 하나의 사례와 특정 시점의 변화만으로는
트렌드를 온전히 읽어내기 어렵다.
수많은 마이크로트렌드를 지속적으로 트래킹하며
유지 또는 약화되거나 강화·변주되는 흐름을 읽어내야 한다.
특히 우리가 주목하는 것은
트렌드 흐름이 변주되는 순간이다.
올드머니가 유행을 끌다가 긱시크가 유행하는
현상 변화가 아니라 현상의 기저에 깔린 사람들의
인식과 니즈가 변화하는 지점이다.
PART 2에서는 이런 변화의 모먼트에 집중해
트렌드를 읽어보려고 한다.
추구미, 뉴 로컬리티, 라이트 팬덤, 알파세대 가족에서
엿보이는 변화를 살펴보자.

CHAPTER 11.

내 지향성을 드러내는 추구미

당신이 패션, 뷰티, 인테리어, 문구류 등에서 어떤 '스타일'이 유행하는지 관심을 가져본 적이 있다면 과거에 비해 요즘은 유행을 따라가기가 어렵다고 느꼈을 것이다. "요즘 애들은 이런 감성을 좋아해요"라고 한마디로 정의 내리기 어려울 만큼 유행이 마이크로해졌다. 패션의 경우 유행 주기가 빠르다 못해 블록코어, 걸코어, 긱시크, Y2K 등 상반된 스타일이 동시다발로 유행한다. 왜 요즘 유행은 하나의 대세 없이 동시에 여러 감성이 이끌까?

Z세대의 '추구미'

Z세대 사이에서 유행하는 스타일과 트렌드를 읽기 위해 우리는 그

동안 '손민수•'라는 키워드에 집중해왔다. Z세대가 자신이 추구하는 스타일이나 따라 하고 싶은 아이템을 이야기할 때 '손민수하고 싶다'는 표현을 많이 썼기 때문이다. 이들이 손민수하고 싶은 스타일이나 아이템을 모아보면 Z세대 사이에서 어떤 아이템이 유행하는지, 이들이 어떤 스타일을 추구하는지 바로 파악할 수 있었다. 그런데 최근 이런 흐름에 변화가 나타났다. Z세대가 추구하는 스타일을 말할 때 손민수보다 더 많이 사용하는 단어가 발견된 것이다. 바로 추구미다. 실제로 소셜미디어 언급량을 살펴보면 2024년 상반기 추구미 언급량이 손민수를 앞질렀다.

추구미란 '추구하다'와 '미美'의 합성어로 자신이 추구하거나 닮고 싶은 분위기 또는 감성을 설명할 때 쓰이는 신조어다. 주로 블로그나 SNS, 커뮤니티 등에 마음에 드는 사진을 올리고 "내 추구미"라고 덧붙이는 방식으로 활용된다. 이런 예시만 보면 추구미와 손민수는 큰 차이가 없는 것처럼 보이기도 한다. 둘 다 자신이 추구하고 닮고 싶은 것을 이야기할 때 활용되기 때문이다. 하지만 두 용어에는 결정적 차이가 있다. 바로 '대상'과 '나' 중 어디에 방점을 두느냐다.

먼저 손민수는 따라 하려는 대상에 초점이 맞춰져 있다. '오늘 ○○ 스타일링이 너무 예뻐서 전부 손민수하고 싶다', '이 가방 손민수하고 싶은데 어떤 브랜드 제품일까?'처럼 따라 하고 싶은 대상을 중심으로 서술된다. 그 대상에게 얼마나 어울리는지, 예뻐 보이는

• 웹툰 <치즈인더트랩> 등장인물로 주인공의 스타일을 똑같이 모방하는 캐릭터. 누군가를 따라 할 때 '손민수한다'는 식으로 쓰임

Z세대의 지향을 읽는 키워드 추구미

추구미와 손민수 소셜미디어 언급량 비교

- 기간: 2022. 07. 01.~2024. 06. 30.
- 키워드: 추구미, 손민수
- 채널: 커뮤니티, 블로그, 유튜브

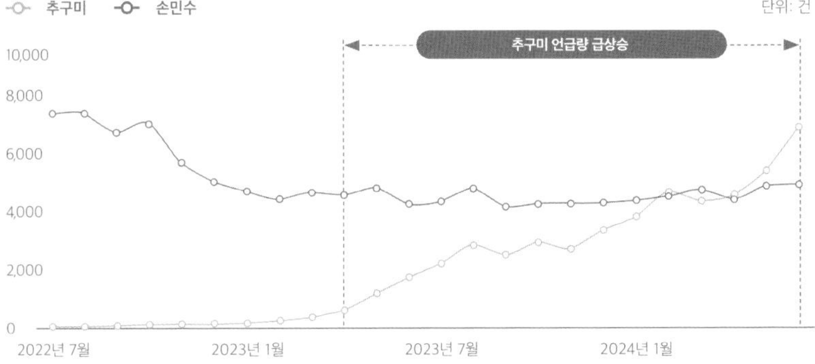

- 출처: AI 기반 빅데이터 분석 전문 기업 뉴엔AI LUCY2.0 기반 자체 검색

연관어를 바탕으로 분석한 손민수와 추구미의 속성 비교

- 기간: 2022. 07. 01.~2024. 06. 30.
- 키워드: 추구미, 손민수
- 채널: 커뮤니티, 블로그, 유튜브

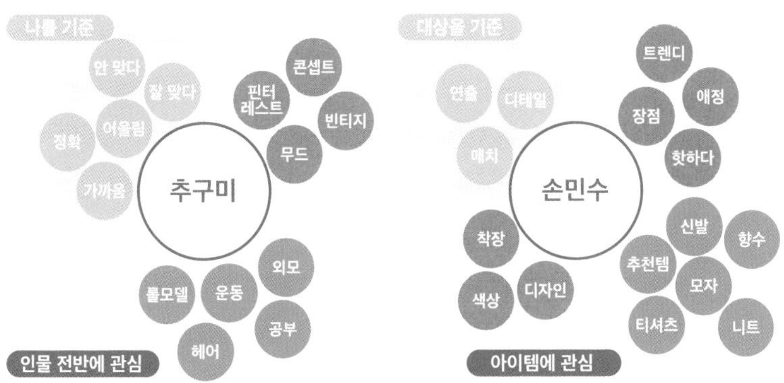

- 출처: AI 기반 빅데이터 분석 전문 기업 뉴엔AI LUCY2.0 기반 자체 검색

지가 손민수의 기준이다. 그렇기 때문에 손민수는 여러 요소를 조합한 스타일이나 룩보다는 하나의 스타일이나 각각의 아이템에 쓰이며 손민수를 붙일 수 있는 대상도 특정 아이템, 스타일 카테고리에 가깝다.

반면 추구미는 나 자신에게 초점이 맞춰져 있다. 어떤 아이템을 보고 '예쁜데 내 추구미랑 안 맞아서' 구매를 망설이기도 하고 내가 지향하는 것과 상반된 스타일의 옷을 입은 친구에게 '오늘 너와 나는 추구미가 안 맞다'고 표현하기도 한다. 즉, 단순히 '예쁘다', '마음에 든다'에 그치는 것이 아니라 자신과 타인의 지향점을 정의 내리는 용도로 사용하는 것이다. 그러다 보니 추구미라는 단어를 쓰면 개인이 지향하는 바를 선명하게 드러낼 수 있다. 마음에 드는 사진을 올리거나 제품을 구매한 뒤 추구미라고 덧붙이면 내가 어떤 사람인지 구구절절 설명하지 않아도 된다. 추구미로 표현한 대상이 함축하고 있는 분위기나 의미가 나를 표현해주기 때문이다.

Z세대가 손민수보다 추구미라는 단어를 많이 쓰는 이유도 여기에 있다. Z세대의 취향은 매우 세분화돼 있다. 그리고 단순히 내 취향의 제품을 선택해 소비하는 것을 넘어 취향과 가치관, 라이프스타일을 다양하게 조합하며 지향과 아이덴티티를 더 선명하게 다져나간다. 추구미는 다른 사람과 구분되는 나만의 지향을 만들어가는 오늘날의 Z세대에게 손민수보다 적합한 키워드다.

실제로 추구미는 스타일링뿐 아니라 다른 영역에서도 광범위하게 쓰인다. '벼락치기 하는 건 내 추구미가 아니야', '오늘부터 원영적 사고 내 추구미'처럼 취미 생활, 공부 방식 등 라이프스타일은 물론 유머감각, 성격 등 가치관까지 내가 지향하는 방향과 맞는 모든 것에 적용될 수 있다. 그래서 아이템이나 스타일이 담긴 이미지뿐 아니라 대화 내역이나 SNS 글을 캡처한 짤을 사고방식의 추구미를 보여주는 용도로 활용하기도 한다.

또 개인의 추구미는 하나가 아니다. 추구미는 Z세대의 지향만큼이나 세분화돼 있고 그날의 기분이나 상황에 따라 유연하게 변한다. '오늘의 추구미', '여름 추구미'처럼 기간을 한정해 사용하기도 하고 '시험 기간 추구미', '야구장 추구미'처럼 상황이나 장소에 따라 다른 추구미를 표현하기도 한다. 심지어 인스타그램 피드를 업로드할 때의 추구미와 블로그에 포스팅할 때의 추구미도 다를 수 있다. 인스타그램에서는 자기계발에 열정적인 모습을 담아낸다면 블로그에서는 솔직함을 추구미로 잡고 꾸밈없는 모습을 담아내는 식이다.

"저는 블로그 추구미가 '솔직한 웃수저'라 재밌어지려고 노력해요." _제트워크 시즌14 참여자 고요(H1143)

최근 블록코어, 걸코어, 긱시크, Y2K 등 상반된 스타일이 동시다발로 유행하는 이유도 마찬가지다. 기분이나 상황에 따라 표현하고자 하는 추구미가 다르기 때문에 하나의 큰 흐름 없이 다양한 스타일이 동시에 유행하는 것이다. Z세대는 유행을 무조건 따르기보다는 자신의 외형과 추구미를 종합적으로 고려한 다음 지향에 맞게 적당히 취사선택한다.

CHAPTER 12.

패션, 뷰티, 인테리어에 추구미를 적용하는 방법

추구미의 또 다른 특징은 지향하는 스타일을 완전히 따라 하지 않아도 괜찮다는 점이다. 손민수는 보통 제품에 쓰이기 때문에 그 브랜드의 그 제품을 구매해야만 '손민수했다'고 표현할 수 있다. 그러나 추구미는 그냥 그런 느낌을 내면 충분하다. 심지어 그 느낌을 온전히 내지 못해도 그럭저럭 따라간 자기 자신을 가리켜 '도달 가능미•'라는 좀 더 완화된 표현을 쓰기도 한다.

▼

Z세대가 영역별로 추구미를 실현하는 방법

Z세대는 추구미를 실제 스타일링에 얼마나 '도달 가능하게' 반영

• 실제 도달할 수 있는 이미지를 뜻하는 말로 추구미에서 파생된 유행어

영역별로 다른 기준을 적용하는 Z세대

패션·뷰티·인테리어에서 추구미 고려 정도

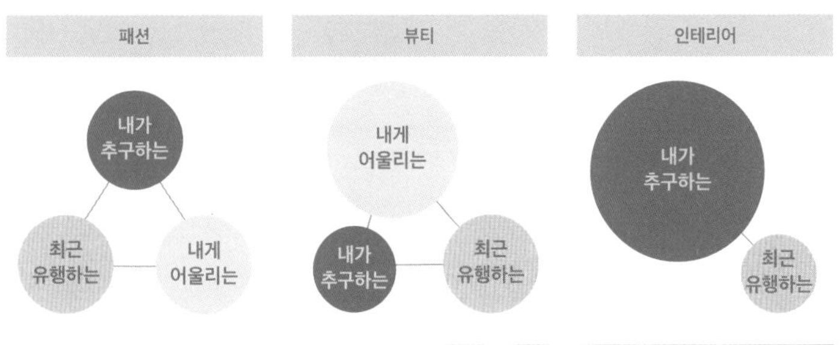

•출처: <[인사이트보고서] 2024 패션 트렌드를 통해 살펴본 Z세대의 특징>, 대학내일20대연구소, 2024.07.17.

하고 있을까? 추구미는 단지 지향성이기 때문에 자신의 외형과는 어울리지 않을 수 있다. 또 독특하고 콘셉추얼한 스타일을 추구하는 경우 일상에서 편하게 입기 어려울 수도 있다. 트렌드에 민감한 만큼 최근 유행하는 스타일과 너무 동떨어져서도 안 된다. 그래서 Z세대는 외형, 트렌드, 추구미를 종합적으로 고려해 현실적으로 실현 가능한 수준에 맞춰 스타일링한다.

추구미를 실현하고 반영하는 정도는 영역별로도 다르다. 패션, 뷰티, 인테리어 세 영역을 살펴보자. 패션은 외형, 트렌드, 추구미 어느 하나 소홀히 하지 않고 균형 있게 고려한다. 고려할 요소가 많아 고민도 가장 많은 영역이다. 뷰티는 내게 어울리는지를 가장 중점적으로 고민하는 영역이다. 인테리어는 밖에 드러나지 않는 나만의 공간이므로 나머지 두 영역에 비해 추구미가 극대화되는 영역이라고 볼 수 있다. 나만의 지향을 마음껏 담아내는 것이다. 그럼 Z세대의 영역별 추구미 실현 방법을 좀 더 상세히 알아보자.

위에서 언급했듯 패션은 외형, 트렌드, 추구미의 균형을 가장 많이 고려하는 영역이다. 무조건 추구미를 반영하기보다 도달 가능미로 스타일링한다. 이를 위해 가장 많이 활용하는 것이 바로 '스몰 아이템'이다. 머리부터 발끝까지 추구미를 반영하는 대신 추구미를 담은 액세서리를 평소 입는 무난한 의상에 매치하는 식이다. 예를 들어 가죽 재킷과 가죽 바지를 입은 록스타 스타일이 마음에 든다면 몸 전체를 가죽으로 휘감는 것이 아니라 평범한 검은색 상하의에 가죽 워커를 매치해 록스타 느낌만 연출한다. 작은 아이템이 룩의 핵심이 되는 경우도 많다. 귀엽고 사랑스러운 걸코어 스타일이 추구미라면 옷 전체를 러블리한 스타일로 바꾸지 않더라도 여성스러운 리본 머리끈 하나로 걸코어 스타일을 표현할 수 있다. 최근 유행한 긱시크 스타일 역시 대표 아이템인 안경 하나로 손쉽게 연출할 수 있다.

Z세대의 스몰 아이템 활용법은 점점 진화하고 있다. 대표적인 예로 키링이 있다. 키링은 과거 자동차 키에 주로 사용됐으나 2020년부터 무선 이어폰 케이스, 가방 등에 활용되며 패션 아이템 범주에 들어왔다. 특히 키링은 부피가 작아 전체적인 스타일을 해치지 않으면서도 포인트를 줄 수 있어 패션에 관심이 많은 Z세대에게 트렌드를 반영하기 좋은 아이템으로 인식된다. 이런 인식 변화로 키링을 바지, 벨트, 신발 등에 착용해 포인트를 주는 경우도 늘어나는 등 키링이 완전한 패션 아이템으로 자리 잡아가고 있다.

자신의 추구미를 가득 담아 신꾸, 백꾸를 하는 모습_유튜브 '연지감성'

스몰 아이템 활용이 극대화된 사례가 바로 Z세대 사이에서 유행하는 '백꾸(가방 꾸미기)'와 '신꾸(신발 꾸미기)'다. 백꾸를 단순히 가방에 키링 하나 다는 정도로 생각하면 곤란하다. 가방 손잡이에 키링을 걸 수 있는 큰 고리인 카라비너를 단 후 카라비너에 다시 마음에 드는 끈, 리본, 키링을 마음껏 건다. 여기에 가죽 재질 시계, 목걸이, 반지, 집게핀 등 평소 사용하던 액세서리를 장식하면 지향점을 드러내기에 더욱 안성맞춤이다. 신발의 경우 '크록스'나 젤리슈즈처럼 발등 부분에 구멍이 뚫린 신발에 '지비츠', '토츠핑' 등으로 불리는 파츠를 끼우는 꾸미기가 가장 대중적이지만 더 창의적인 꾸미기도 뜨고 있다. 스포티한 운동화에 새틴, 쉬폰 소재나 진주가 알알이 달린 신발 끈으로 리본을 묶어 여성스러움을 더하거나 개성 있는 디자인의 듀브레• 로 꾸며주는 식인데 최근 유행하는 믹스매치

• 신발 끈에 끼워 끈 위치를 고정하는 금속 부속

스타일로 포인트를 주기 적합하다. 가방, 신발은 패션에서 비교적 작은 부분을 차지하기 때문에 원하는 모든 것을 달 수 있고 추구미도 적극 드러낼 수 있다. 이처럼 추구미 스타일링이 뜨면서 스몰 아이템도 패션에서 중요도를 더해가고 있다.

패션 영역에서 외형, 트렌드, 추구미를 균형 있게 고려한다면 뷰티 영역에서는 내게 어울리는 스타일을 더 많이 고려한다. 최근 Z세대는 자신을 파악하는 데 관심이 많다. 피부 톤과 머리카락 색을 기반으로 어울리는 색감을 찾는 '퍼스널 컬러', 얼굴형이나 체형에 어울리는 화장법과 헤어스타일을 찾는 '퍼스널 스타일링'이 지속적으로 주목받고 있다. 특히 메이크업에서 중요해지고 있는 것이 바로 '디테일'이다. 내 외형의 장점은 극대화하고 단점은 섬세하게 커버해 본연의 아름다움을 자연스럽게 살리거나 추구미를 표현하는 메이크업이 꾸준히 인기를 끌고 있다.

메이크업에서 디테일이 중요해지면서 전반적인 메이크업 과정이 과거보다 더 세분화되고 섬세해졌다. 예를 들어 과거에는 얼굴 윤곽을 중심으로 과감하게 셰이딩했다면 지금은 셰이딩 부위와 단계를 세분화해 중안부, 코, 눈 모양 등 각 부위를 디테일하게 보정한다. 콧대를 살리는 데만 신경 쓰는 것이 아니라 콧볼 주변에 셰이딩을 넣어 콧볼을 줄이는 식으로 얼굴을 조각조각 디테일하게 나눠 메이크업한다. 이런 섬세한 메이크업을 도와주는 브러시, 퍼프 같은 도구와 명도, 채도, 컬러를 세세하게 조절할 수 있는 제품도 계속 출시되고 있다.

부모님과 함께 거주하는 비율이 높은 Z세대 특성상 인테리어는 아직 이들의 주요 관심 영역이라고 보기 어렵다. 그러나 관심이 있다면 추구미를 가장 적극적으로 반영하는 분야가 인테리어다. 집과 방에는 타인의 시선을 신경 쓰거나 그것이 내게 어울리는지 고려할 필요 없이 개인의 취향을 고스란히 반영할 수 있기 때문이다. 최근 Z세대 사이에서 뜨고 있는 인테리어 브랜드를 통해 Z세대의 추구미를 엿볼 수 있는데 패션 브랜드보다 더 개성 있고 콘셉추얼한 추구미를 가진 브랜드가 많다. 이를테면 '포식스먼스46MONTH'의 실버 쿠션 거울, '글로시Glossy'의 버섯 조명, '가타GATA'의 셔링 이불은 패션에서도 유행한 실버 컬러 아이템으로 공간을 힙하고 키치하게 만들어준다. 또 자연 풍경 사진을 프린팅한 이불이나 여러 패브릭 제품을 판매하는 브랜드 '포토제니아굿즈Photozeniagoods', '오티에이치콤마Oth,'의 편안하고 자유로운 보헤미안 감성도 Z세대가 선호하는 추구미 중 하나다.

Z세대는 패션, 뷰티, 인테리어 등 다양한 영역에 자신만의 추구미가 있다. 이는 입체적이고 선명한 나를 만들어가는 Z세대의 특성과 맞닿아 있다. 세 영역 모두에서 메가트렌드 스타일보다는 추구미에 따른 마이크로트렌드의 인기가 지속될 것으로 보인다. 콘셉추얼한 인테리어 브랜드가 인기를 얻은 것처럼 추구미가 명확한 브랜드의 패션 스몰 아이템, 디테일한 메이크업을 돕는 뷰티 도구 등 추구미를 섬세하게 연출하게 해주는 제품이 계속해서 Z세대의 주목을 받을 것이다.

CHAPTER 13.

추구미를 위한 보물찾기 플랫폼

뻔한 유행 브랜드는 아닌데 요즘 감성을 반영하고 내 추구미와도 맞는 제품.

이 무슨 따듯한 아이스 아메리카노 같은 이야기인가 싶겠지만 외형, 추구미, 트렌드를 종합적으로 고려하는 Z세대에게 마음에 쏙 드는 제품을 찾기란 이렇듯 쉬운 일이 아니다. 예전처럼 쇼핑몰에서 순위권 제품을 사는 것만으론 추구미와 개성을 표현하기가 어려워졌다. 여기서는 Z세대가 추구미를 발굴하고 표현하기 위해 찾는 플랫폼을 살펴보자.

▼

Z세대의 추구미 창고

첫 번째로 핀터레스트다. 핀터레스트는 Z세대에게 추구미 창고다.

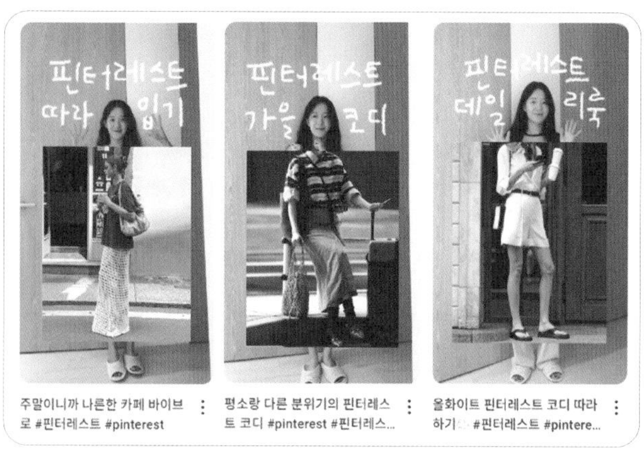

Z세대 추구미 창고로 떠오르며 인기를 얻고 있는, 핀터레스트의 감성을 담은 데일리룩, 메이크업 소개 콘텐츠_유튜브 '온리현 onlyhyun'

관심 있는 스타일의 이미지를 끊임없이 추천받을 수 있어 주로 자신의 새로운 추구미를 발굴하기 위해 찾는다. 전 세계 사람이 수집한 방대한 정보 덕분에 최근 유행하는 스타일이 무엇인지 감을 잡고 싶을 때, 기존에 보유한 제품을 더 다양하게 코디하고 싶을 때도 유용하다. 다만 출처를 알 수 없는 이미지가 많아서 특정 제품이 마음에 들어도 쇼핑몰에서 별도의 검색 과정을 거쳐야 하는 번거로움이 있다. 그럼에도 Z세대가 핀터레스트를 찾는 이유는 거대한 이미지 창고에서 나만의 추구미를 정의해가는 즐거움이 있기 때문일 것이다.

따라서 요즘 Z세대의 추구미를 알고 싶다면 핀터레스트를 가장 먼저 찾아가길 권한다. 한두 번 들어본 유행 키워드가 있다면 그 키워드를 검색해도 좋고 아는 키워드가 없다면 'winter fashion', 'inspiration' 같은 광범위한 단어로 검색하는 것도 좋다. 다만 핀터레스트는 글로벌 플랫폼이므로 국내외 트렌드를 함께 살피기 위해 영어 단어로 검색해보길 추천한다. 그러면 해외 트렌드도 빠르게 읽어낼 수 있다. 실제 Z세대도 한글보다는 영어 키워드를 활용해 추구미를 찾는 편이다.

두 번째 플랫폼은 블로그다. 어느 정도 추구미가 뚜렷해진 Z세대가 추구미에 맞는 제품을 찾을 때 자주 이용한다. 앞서 네이버 블로그는 Z세대의 꾸밈없는 일상과 지향이 솔직하게 기록되는 공간이라고 말했다. 이때 블로그에서 특히 많이 확인하는 것이 '위시리스트'다. 예를 들어 가을 옷이 필요하면 '가을 위시리스트'를, 카디건이 필요하면 '카디건 위시리스트'를 검색한다. 검색 결과 중 마음에 드는 글을 정독하며 추구미에 맞는 브랜드 정보를 얻는다. 블로거의 추구미가 자신과 비슷하다고 느끼면 다른 글도 읽어보고 참고하기 좋다고 판단하면 이웃 추가를 해둔 다음 새 글이 올라올 때마다 체크한다. 위시리스트가 취향이 아니어도 문제없다. 그 사람만의 추구미를 구경하는 것도 또 하나의 즐거움으로 여긴다.

> "다른 사람의 위시리스트를 보는 게 너무 재밌어요. 제 취향이 아니어도 그냥 '이런 것들을 좋아하는구나' 하면서 구경해요." _제트워크 시즌14 참여자 리치(H1024)

위시리스트만 모아놓은 앱 서비스가 Z세대 사이에서 인기를 끌기도 했다. '위시버킷Wishbucket'에서는 마음에 드는 제품 링크를 저장하고 타인의 저장 목록(버킷)을 구경할 수 있다. 해외 판매 제품처럼 구하기 어렵거나 독특한 물건이 많은 것이 장점이다. 사람들이 많이 저장한 랭킹 제품 중 마음에 드는 것을 자신의 버킷에 저장해두고 나중에 구매할 때 유용하게 사용한다.

위시리스트의 인기는 알고리즘에 따라 유저가 원하는 정보를 떠먹여주는 데 집중하는 요즘 플랫폼의 방향성과는 상반된다. Z세대는 다른 사람의 추구미가 담긴 위시리스트를 탐색하며 어떤 정보가 있는지 모르는 광활한 모래사장에서 내 추구미에 맞는 것을 하나하나 찾아보는 수고를 감수한다. 그리고 이런 탐색 과정 자체를 즐긴다. 다른 사람이 관심 있어 하는 상품에서 그의 추구미를 파악하는 과정이 곧 자신의 추구미를 정립하는 결과로 이어지기 때문이다. 이런 과정을 거쳐 까다로운 조건을 충족하는 제품을 발견했을 때 찾아오는 기쁨은 말할 필요도 없다.

중고거래 앱 서비스도 Z세대가 추구미 보물찾기를 할 때 활용하는 플랫폼이다. 보통은 구매할 제품을 정한 상태에서 더 저렴한 제품을 찾을 때나 이용한다고 생각하겠지만 패션에 관심 많은 Z세대에게는 중고거래 플랫폼이 또 하나의 쇼핑몰이다. 관심 있는 브랜드나 옷 종류를 키워드로 등록해두면 관련 제품이 피드에 자주 뜨는데 이를 통해 새로운 브랜드를 발견하거나 인기 있던 품절 제품을 운 좋게 구할 수도 있다. 게다가 새 상품과 다름없는 상태에 가격까지 합리적이니 수시로 들어가 살펴보게 된다. 이런 니즈와 잘 맞아떨어지는 패션 전문 중고거래 플랫폼도 뜨고 있다. '후루츠패밀리Fruitsfamily'는 중고 의류를 판매하는 셀러를 중심으로 정보를 보

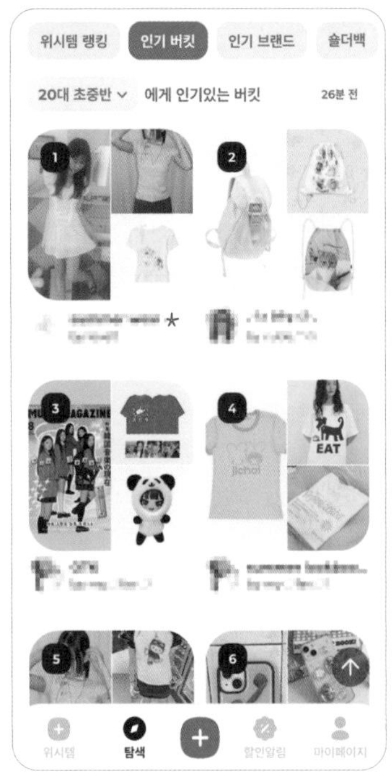

위시리스트 랭킹 페이지_위시버킷

여주는 플랫폼으로 셀러 각자의 개성이 뚜렷한 제품 목록에서 내 추구미에 맞는 제품을 탐색할 수 있다.

이처럼 지금 패션, 뷰티, 인테리어 등 Z세대가 지향을 표현하는 분야는 모두 추구미를 중심으로 돌아가고 있다. 앞서 말한 것처럼 추구미는 매우 세분화돼 있으며 시시각각 변한다. 이제 단순히 대세 트렌드를 파악하는 것만으로는 부족하다. 핀터레스트나 위시리스트처럼 Z세대의 추구미가 녹아 있는 플랫폼으로 Z세대가 추구하는 감성과 지향을 파악하고 이들의 추구미와 브랜드의 연결 고리를 만들 수 있는 방법을 고민해야 한다. 앞서 예로 들었듯 명확한

중고 의류 셀러 소개 페이지_후루츠패밀리

브랜드 아이덴티티를 설정해 Z세대가 선망하는 추구미를 담은 브랜드를 만들 수도 있고 Z세대가 각자의 추구미에 도달하도록 돕는 방향을 택할 수도 있다. 추구미를 잘 읽어내야 Z세대 위시리스트나 찜 목록 같은 추구미 창고에 들어갈 수 있을 것이다.

MOMENT 2.

뉴 로컬리티

지역을 경험하는 방법의 변화

Z세대에게 공간은 중요한 의미다.
내가 머무는 공간, 애착이 가는 공간을 통해
지향과 아이덴티티를 표현하기도 하고
공간에서의 다채로운 경험을 통해
새로운 영감을 얻거나 세계를 넓혀나가기도 한다.
이는 내 방, 카페, 팝업 스토어 같은 공간은 물론
'로컬'을 경험하는 방식에도 영향을 미친다.
《Z세대 트렌드 2024》에서 '공간 애착'이라는 키워드로
지향과 맞닿는 지역색을 발견하고 소비하는
Z세대의 모습을 조명했는데
이런 흐름은 여전히 강력하게 이어지고 있으며
이전에 없던 새로운 변화를 만들고 있다.
Z세대가 찾는 새로운 로컬리티 경험이
어떤 형태로 나타나는지 살펴보자.

CHAPTER 14.

달라진 로컬의 의미

Z세대가 생각하는 로컬의 의미는 무엇일까? 대학내일20대연구소가 운영하는 Z세대 커뮤니티 제트워크에서 로컬의 이미지를 직접 물어봤다.[19] 흔히 로컬이라고 하면 지방, 시골, 전통적, 한국적, 자연 같은 이미지를 떠올리기 마련이다. 조사 결과 Z세대도 여전히 이런 생각을 갖고 있었지만 변화한 지점도 눈에 띄었다.

> "로컬 하면 '새로운 힙'이 떠올라요. 예전의 로컬은 로컬푸드처럼 조금 촌스러운 느낌이 강했다고 생각해요. 하지만 지금의 로컬은 그곳에 가야만 체험할 수 있는 특별하고 새로운 문화 같아요." _제트워크 시즌14 참여자 호호(P1152)

이처럼 Z세대는 로컬과 함께 '유니크하다', '트렌디하다', '힙하다', '색다른 경험', '새로운 힙' 같은 키워드를 연상하고 있었다. 이

대구 '카페 루시드'의 푸딩빙수_대학내일 김소희

런 흐름에 따라 Z세대가 특정 지역을 방문했을 때 찾는 공간도 달라졌다. 예를 들어 대구 여행 계획을 세운다고 생각해보자. 꼭 가봐야 할 곳으로 흔히 번화가인 동성로나 닭똥집으로 유명한 평화시장 골목, 뭉티기나 막창 맛집을 떠올릴 것이다. 부산에서는 해운대, 돼지국밥, 밀면 등을 꼽을 수 있다. 지역색을 느낄 수 있는 공간이라고 하면 이렇게 그 지역만의 고유한 먹거리, 관광지가 먼저 떠오르기 마련이다.

▼

Z세대가 생각하는 로컬리티

그런데 Z세대의 방문 리스트는 이와는 조금 다르다. Z세대는 대구

아기자기한 감성 소품이 가득한 대전 '프렐류드'_김민경

에서 꼭 가고 싶은 장소로 푸딩빙수로 유명한 카페 루시드와 독립서점 '고스트북스'를 꼽는다. 부산에서는 '유행통신', '희영이네' 같은 고전 문구 전문 상점을, 대전에서는 문구 덕후의 성지로 불리는 소품숍 프렐류드The Prelude Shop를 꼭 방문하고 싶은 곳으로 꼽는다. 서울에서도 먹을 수 있는 푸딩, 전국 어디에나 있는 독립서점과 소품숍을 굳이 거기까지 가서 가야 하나 생각할 수도 있지만 Z세대는 닭똥집, 막창, 돼지국밥, 해운대처럼 오랜 헤리티지가 있는 것이 아니라도 그 지역에서만 경험할 수 있는 것이라면 로컬 브랜드, 카페, 소품숍에서도 충분히 지역색을 느낄 수 있다고 생각한다.

부산에서 프랜차이즈를 제치고 진정한 로컬 브랜드로 자리 잡은 '이재모피자'가 최근 Z세대 사이에서 유독 화제가 된 이유도 이와 비슷하다. 피자는 어디서나 먹을 수 있고 부산의 전통 음식으로 볼

2030이 생각하는 로컬 이미지

연령별 로컬 감성 연관어 비교

- 기간: 2023.01.01.~2024.07.31.
- 키워드: 로컬
- 채널: 커뮤니티(네이버, 다음, 일반 커뮤니티 채널 합산)

순위	20~30대	30~40대	40~50대
1	좋다	맛있다	추천하다
2	추천하다	좋다	어려운
3	좋아하다	추천하다	유명한
4	가능하다	싸다	유명하다
5	맛있다	좋아하다	가고 싶다
6	다양한	비싸다	오래되다
7	유명한	좋은	혜자스럽다
8	새로운	먹고 싶다	낮다
9	좋은	싱싱하다	신선한
10	유명하다	맛있는	먹고 싶다

- 출처: 썸트렌드 클라우드Sometrend Cloud 기반 자체 검색

수도 없지만 Z세대는 전통성보다 부산에서만 경험할 수 있는 브랜드라는 점에서 이재모피자를 지역색을 느낄 수 있는 로컬 브랜드로 인지한다.

Z세대가 생각하는 로컬리티는 나주 배, 청송 사과처럼 그 지역을 대표하는 전통 특산품에만 집중되지 않는다. 그 지역에서만 경험할 수 있다면 그것으로 충분하다. 예를 들어 강원도 춘천은 닭갈비의 고향으로 알려져 있지만 Z세대는 '감자밭' 지역 축제에 참여하기 위해 ITX 청춘열차를 탄다. 강원도 정선은 케이블카로 유명하

지만 Z세대는 충분한 휴식과 충전이 필요할 때 웰니스 도시로 정선을 방문한다. 지역색이 담긴 식품, 공간, 관광, 굿즈, 서비스 등 Z세대 사이에서 힙하게 여겨지는 일명 '로컬힙•' 키워드가 요즘 더욱 두드러지는 이유도 이처럼 새롭게 형성되고 있는 지역색을 로컬리티의 하나로 받아들이는 Z세대의 인식 변화에 있다.

실제 소셜 빅데이터 분석에 따르면 2030세대가 주로 이용하는 커뮤니티에서는 로컬과 연관된 감성 키워드로 '다양한', '새로운'이라는 단어가 상위 10위 안에 오르며 다른 세대와 뚜렷한 차이를 보였다. Z세대가 로컬을 단순한 지역 특성으로만 여기지 않고 새롭고 다양한 경험을 할 수 있는 기회로 인식하고 있음을 보여준다.

• 지역을 뜻하는 '로컬'과 새로운 감성을 표현하는 '힙'의 합성어로 지역의 고유한 특색과 새로운 감성을 결합한 로컬 문화를 의미함

CHAPTER 15.

Z세대가 향유하는 뉴 로컬리티

Z세대의 로컬 인식과 경험 방식이 달라지면서 각 지역마다 새로운 로컬리티가 부각되고 있다. 대표적인 예가 부산이다. 부산에 방문하면 꼭 들러야 할 관광지나 먹어봐야 할 음식으로 무엇이 생각나는가? 앞에서도 언급했듯 해운대, 돼지국밥, 밀면 같은 전통적인 관광지와 음식을 떠올릴 것이다. 물론 이런 대표 명소와 음식은 세월이 흘러도 변치 않는 부산의 상징이다. 그러나 Z세대가 꼭 가봐야 할 장소로 저장해놓은 부산 맛집은 조금 다르다. Z세대에게 부산에서 꼭 가봐야 하는 장소를 물어보면 돈가스 전문점 '톤쇼우'나 일본 라멘집 '나가하마 만게츠', 대만요리 전문점 '바오하우스' 같은 일식, 대만식 음식점을 꼽는다. 실제로 2024년 미쉐린 부산 빕 구르망•에 선정된 15곳 중 11곳이 한식이 아닌 해외 음식 전문 매장이

• 미쉐린 가이드에서 수여하는 상 중 하나로 맛있는 음식을 합리적인 가격에 제공하는 식당에 주어짐

부산 대표 맛집으로 알려진 돈가스 전문점 톤쇼우_안수빈

었다. 이런 음식은 전통적인 지역색을 띤 메뉴라고 할 순 없지만 이런 매장들이 힙스터의 성지로 부상하면서 부산에는 '다양한 나라 음식을 경험할 수 있는 공간'이라는 새로운 이미지가 생겼다. Z세대는 이 또한 부산이라는 도시의 지역색으로 여기며 이를 경험하기 위해 부산을 적극적으로 찾는다.

Z세대 사이에서 떠오르는 여행지

최근 Z세대 사이에서 떠오르는 또 다른 여행지는 대전이다. 대전은 한때 '노잼 도시'로 불리거나 다른 지역을 갈 때 잠시 지나치는 교통의 요지로 인식됐지만 Z세대 사이에서는 꼭 가보고 싶은 지역으로 꼽힌다. 그 중심에는 '성심당'이라는 거대한 로컬 브랜드가 있다.

성심당은 대전의 전통적인 로컬 브랜드로 본래 시그니처 메뉴인 '튀김소보로'로 명맥을 이어왔지만 이 메뉴만을 고수하진 않았다. 특히 '성심聖心'이라는 상호답게 재료를 아끼지 않고 듬뿍 담아낸 '과일 시루' 케이크 시리즈는 2021년 처음 선보인 이후 꾸준히 찾는 방문객이 증가하면서 오픈런을 하지 않으면 구매하기 어려울 정도로 큰 인기를 끌고 있다. 최근에는 성심당의 과일 시루를 먹기 위해 당일치기로 대전을 방문하는 소비자가 늘어나면서 '할 것 없고 놀 것 없다'고 알려진 노잼 도시 대전에서 빵 전문 도시 대전으로 그 정체성이 바뀌었다. 이로 인해 '대전=성심당'이라는 공식이 생기면서 로컬 브랜드가 지역 정체성의 하나로 자리 잡았다.

더 나아가 대전은 전국 빵 장인이 모여드는 격전지로 변모하는 중이다. 성심당을 중심으로 대전의 빵 문화가 성장하면서 서울에서 명성을 떨치던 '곳간집' 같은 유명 디저트 브랜드가 대전으로 이전하거나 새롭게 지점을 오픈하는 사례가 늘고 있다. 또 '다다제과점', '홍월당' 등 성심당에서 경력을 쌓은 장인이 독립해 창업한 고퀄리티 디저트 가게도 대전 곳곳에 생겨나고 있다. 이렇게 늘어나는 로컬 브랜드는 빵의 도시라는 대전의 새로운 정체성을 더욱 강화하고 있으며 Z세대에게 다양한 즐길거리를 더 많이 만들어준다. 실제로 Z세대에게는 대전을 여행할 때 성심당 외에도 디저트 투어를 목적으로 코스를 짜는 일이 당연해졌다.

"대전에서 하고 싶은 걸 생각해보면 일단 성심당에 들러서 각종 빵과 생귤

대전 디저트·카페 투어 중심으로 기록한 브이로그 영상_유튜브 '린로그 rinlog'

시루 케이크를 먹고 싶어요. 또 카페 투어를 다니고 싶은데 '원잇투메종탄방'이라는 카페에서 엄청난 과일 산도를 꼭 먹어보고 싶습니다. 그리고 '베이크베이크'라는 카페에 가서 행운의 앙버터와 프렌치토스트를 꼭 시키고 싶고 '하치카페'에 가서 밀푀유 타르트를 먹고 '코페부쉬'에서 멋진 여름 맛 소르베를 맛보고 싶어요" _제트워크 시즌14 참여자 치몽이(H1168)

요즘 Z세대가 자주 찾는 대표 지역인 경기도 수원시 행궁동 역시 새로운 로컬리티가 형성되는 지역이다. 수도권에 거주하는 Z세대에게 행궁동은 마치 전주나 경주 같은 지방 여행에서만 느낄 수 있는 한국적 정서와 매력을 체험할 수 있는 공간으로 여겨진다. 골목 곳곳에 맛집과 아기자기한 소품숍이 많다 보니 '찐' 여행지에 놀러 온 기분을 낼 수 있다. 뿐만 아니라 SBS 〈그해 우리는〉, ENA 〈이상한 변호사 우영우〉, tvN 〈선재 업고 튀어〉 등 화제가 된 드라마 촬

tvN 드라마 <선재 업고 튀어> 촬영지인 수원 행궁동 솔이네 집을 방문한 사진_네이버 블로그 '수수의 여행 기록'

영지로도 유명해지면서 '콘텐츠 성지순례'를 위한 지역색도 두드러지고 있다. 평소 관심 있는 콘텐츠와 연관된 지역을 방문해 개인의 애정을 듬뿍 채울 수 있다는 점에서 무형의 콘텐츠도 로컬리티 형성에 중요한 영향을 미치는 요인이 되고 있다.

CHAPTER 16.

로컬을 팝업 스토어처럼 즐기다

이렇게 로컬은 Z세대에게 단순히 전통적인 것이 아니라 새롭고 힙하다는 이미지를 얻으며 꼭 즐기고 싶은 매력적인 요소로 자리 잡았다. 이로 인해 전국 각지의 유명 맛집, 디저트 매장 그리고 지역 브랜드 팝업 스토어를 찾아 그 지역에서만 경험할 수 있는 한정 체험을 즐기는 Z세대가 늘어나고 있다. 이는 Z세대의 여행 방식도 바꿔놓았다.

최근 Z세대 사이에서 인기를 끌고 있는 '퀵턴Quick-Turn• 여행'이 대표적인 예다. 퀵턴 여행은 명확한 목표를 세우고 짧은 시간 안에 압축적으로 즐기는 여행 방식을 말한다. 대전 디저트 카페 투어, 부산 빈티지숍 투어, 독립서점 순례 등 특정 목표를 정하고 당일치기로 해당 지역을 방문해 지역색을 즐긴다. 로컬리티라는 지역 고유

• 승무원이 사용하는 용어 중 하나로 목적지까지 비행 후 바로 출발지로 되돌아오는 일정을 뜻함

의 색채가 이제는 오픈런을 감수하거나 굳이 시간을 내 찾아갈 만큼 매력적인 경험으로 인식되는 것이다. 이제 로컬은 전통과 힙함이 어우러져 다양하고 색다른 경험을 즐길 수 있는 일종의 팝업 스토어가 됐다.

▼

Z세대의 팝업 스토어가 된 지역 축제

이와 함께 로컬리티를 온전히 즐길 수 있는 경험으로 주목받는 것이 있다. 바로 지역 축제다. 지역 축제는 오래전부터 진행돼왔지만 Z세대가 주도적으로 참여하거나 향유하는 문화는 아니었다. 요즘에는 Z세대가 직접 가서 즐기고 싶어 하는 대표적인 놀이 문화로 주목받고 있다는 점에서 변화의 의미가 크다. 로컬의 이미지가 경험하고 싶은 힙한 것이 되면서 지역 축제 역시 Z세대가 한 번쯤 경험해보고 싶어 하는 대상이 됐다. 남원 춘향제나 서울 암사동 고인돌 축제처럼 오랜 전통의 헤리티지를 담은 지역 축제도 Z세대는 지역색을 압축적으로 즐길 수 있는 매력적인 이벤트로 받아들인다.

새로운 로컬리티를 담은 지역 축제도 인기다. Z세대는 '담양 대나무 축제'나 '영덕 대게 축제' 같은 전통적인 특산물 축제뿐 아니라 '춘천 감자 축제', '원주 만두 축제', '구미 라면 축제'처럼 '이 지역에서 원래 이게 유명했나?' 하는 호기심을 자극하고 지역과 축제의 상관관계를 궁금하게 하는 행사에 매력을 느낀다. 2024년 6월 처음 개최된 춘천 감자 축제는 지자체가 아닌 '감자빵'으로 유명한

❶ 춘천 감자밭 카페에서 진행하는 감자 축제의 공식 포스터_춘천 감자밭 공식 스마트스토어
❷ 2024년 11월 개최 예정인 구미 라면 축제 홍보관 사진_인스타그램 @gumi_ramyeon

춘천의 카페 감자밭에서 주최한 행사다. 감자 캐기 대회, 감자런, 인간 저울 대회 중 하나는 무조건 참가해야 하는 운동회 같은 소규모 지역 축제임에도 티켓이 조기 마감될 정도로 Z세대 사이에서 큰 인기를 끌었다. 이 축제는 농부의 일상을 즐겁게 체험해볼 수 있는 기회를 제공했으며 감자빵을 춘천 대표 로컬리티로 자리매김하게 했다. 2023년 진행한 구미 라면 축제도 3일간 약 10만 명이 방문했을 만큼 큰 인기를 끌었다.[20] 특히 농심 구미 공장에서 당일 생산된 라면을 구매한 후 현장에서 바로 끓여 먹을 수 있게 한 것은 구미 라면 축제에서만 경험할 수 있는 특별한 매력 요소였다. 한편 2024년 9월, 경상북도 김천은 김밥과는 전혀 관계가 없는 지역이지만 20대가 '김천' 하면 '김밥천국'을 떠올린다는 데 착안해 도시 전체가 김밥천국이 되는 '2024 김천김밥축제'를 연다고 발표했다. 이런 참신한 기획들은 새로운 지역색을 반기는 Z세대의 흥미를 끌었다. 실제로 블랙키위BLACKKIWI 데이터로 살펴보면 지역 축제 키워드

새로운 지역 축제에 대한 20대의 관심

연령별 지역 축제 키워드 검색 비중

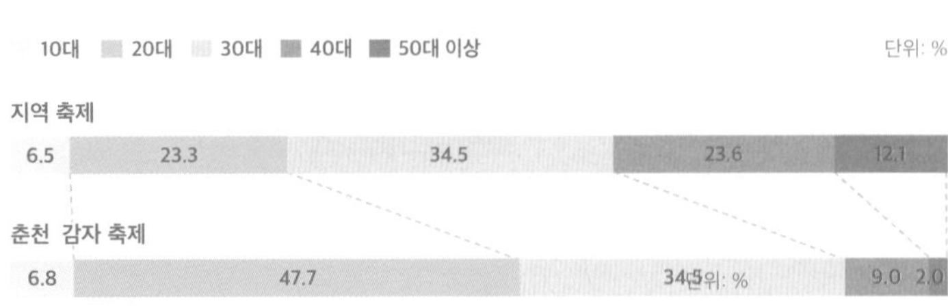

• 네이버 기준 최근 1년 내 연령별 키워드 검색 비율을 의미함(2024.08.26. 검색 기준)
• 출처: 블랙키위 기반 자체 검색

자체에는 30~40대가 주로 반응하지만 Z세대가 주목하는 축제의 경우 20대 검색량이 높게 나타나고 있어 그 인기를 실감할 수 있다.

Z세대에게 지역 축제는 브랜드 팝업 스토어만큼 핫한 오프라인 이벤트와 같다. 다양한 놀거리와 먹거리뿐 아니라 이전에는 몰랐던 그 지역만의 독특한 색깔을 뚜렷하게 각인시켜주고 새로운 감각과 재미를 선사하기 때문이다. 특정 주제와 콘셉트에 충분히 몰입할 수 있는 지역 축제의 장은 그 지역을 하나의 브랜드처럼 느끼게 만들어준다. 이제 Z세대에게 로컬은 지리적 개념을 넘어 유니크함과 트렌디함을 모두 갖춘 매력적인 공간이다. Z세대만의 독특한 방식으로 지역의 매력을 탐색하고 향유하는 새로운 트렌드를 2025년에도 기대해본다.

MOMENT 3.

라이트 팬덤

나만의 재미를 발굴해 즐기다

2024년은 가히 프로스포츠의 봄이라
할 수 있을 정도로 역대급 흥행이 이어진 한 해였다.
그 중심에는 Z세대와 '가볍게 즐기는'
일명 '라이트 팬덤'이 자리하고 있다.
불과 몇 년 전까지만 해도 프로스포츠는
Z세대와는 거리가 멀고 일부 열성 팬덤이 중심이 돼
즐기는 문화의 성격이 짙었다.
하지만 코로나19 이후 프로스포츠는 경기뿐 아니라
다양한 즐길거리와 Z세대와 맞닿을 수 있는 코드를
늘리는 등의 체질 개선으로 흥행을 이끌었다.
프로스포츠가 Z세대에게 선택받은 이유를
지금부터 하나씩 살펴보자.

CHAPTER 17.

프로스포츠의 핵심 소비층으로 떠오른 Z세대

프로야구KBO는 2014년 당시로는 역대 3번째로 높은 관중 수를 기록한 이후 20대의 관심을 받지 못했다. 특히 2017년도에 급격한 하락세를 보였고 2020년부터는 코로나19 팬데믹으로 강제 침체기를 겪었다. 프로야구와 같은 프로스포츠의 인기가 하락한 이유는 다양하다. 국제 대회 성적 부진, 경기력 저하는 물론 프로스포츠 외에 유튜브, OTT, 팝업 스토어 같은 다양한 즐길거리의 부상도 한몫했을 것으로 보인다.

그런데 최근 프로스포츠의 인기가 심상치 않다. 프로야구는 2024년 573경기 만에 종전 최다 관중 수 기록을 돌파했고 2024년 프로축구 K리그 1은 100만 관중을 돌파하는 데 가장 적은 91경기(승강제 시행 기준)가 소요됐으며[21] 남녀 프로배구 V리그 역시 총 관중 수가 이전 시즌 대비 4.5% 증가했다.[22] 그리고 그 중심에는 Z세대가 있다.

다시 프로스포츠에 관심을 가지는 Z세대

국내 프로야구 관심도 변화

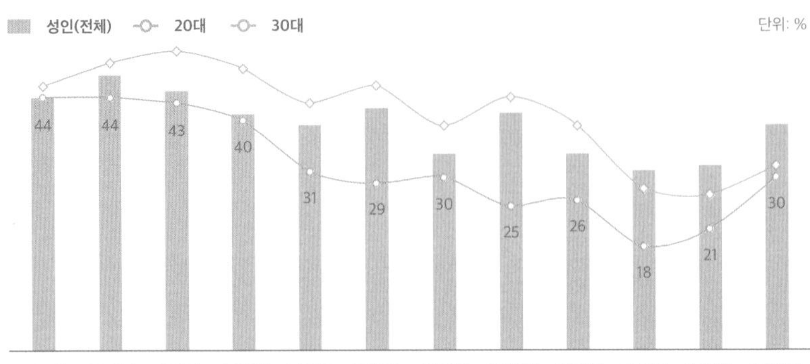

• 관심도: 국내 프로야구에 관심이 '(많이+약간) 있다' 응답
• 출처: <프로야구에 대한 여론조사>, 한국갤럽, 2024.04.02.

2024년 Z세대는 왜 프로스포츠에 입덕했을까? 프로스포츠 흥행의 가장 큰 이유는 바로 Z세대와 여러 접점을 만드는 데 성공한 것이다.

Z세대는 스포츠를 스포츠로만 즐기는 것이 아니라 응원, 굿즈, 음식 등 그 안에서 여러 재미를 발굴해 즐긴다. 이렇게 프로스포츠를 통해 다채로운 경험을 쌓으며 취향과 경험의 폭을 넓히고자 한다. 즉, 경기뿐 아니라 다양한 콘텐츠가 많아진 프로스포츠에 라이트 팬덤이 유입돼 이들이 2024년 프로스포츠의 흥행을 이끌고 있는 것이다.

세분화된 취향이 입덕 포인트가 되는 Z세대

야구, 축구, 배구, 농구로 대표되는 국내 4대 프로스포츠 리그 팀은 모두 특정 지역을 연고지로 하며 특별한 계기가 없다면 연고지를 이전하는 경우가 드물다. 따라서 연고지 중심으로 견고한 팬층이 형성되며 만약 부산에서 태어났다면 프로야구 구단 중 부산이 연고지인 롯데자이언츠를, 대전에서 태어났다면 대전이 연고지인 한화이글스를 자연스럽게 응원하는 공식이 성립했다. 그러다 보니 과거에는 부모님을 따라 일명 '모태 응원 팀'이 정해지는 경우도 다반사였다. 하지만 지금 프로스포츠에 입덕하는 Z세대를 보면 이 공식이 성립하지 않는 경우가 많다.

이들은 연고로만 응원 구단을 선택하는 것이 아니라 취향과 코드에 맞게 선택하는 모습을 보인다. 최근 커뮤니티에는 "〈최강야구〉 보고 야구에 입덕했는데 응원할 만한 구단 좀 추천해줘"처럼 응원할 구단을 지인 또는 타인에게 추천받는 글이 눈에 많이 띈다. 연고에 따라 자연스럽게 응원 구단이 결정되던 과거와는 분명 다른 모습이다. 이런 현상은 데이터로도 확인할 수 있다. 대학내일20대연구소의 조사 결과에 따르면 1년 내 국내 프로스포츠 리그를 관람한 경험이 있는 사람 중 Z세대에서 '연고(22.2%)'보다 '주변 사람의 권유나 추천(30.6%)'을 통해 프로스포츠에 관심을 갖는 경우가 가장 많았다.

Z세대는 취향이 세분화된 만큼 프로스포츠에 입덕하는 포인트도 다양하다. 경기력, 특정 선수뿐 아니라 팀 응원 분위기나 응원가

연고보다 주변 사람 추천이 중요한 Z세대

프로스포츠 최最선호 리그의 결정적 관심 계기

[Base: 전국 15~53세 남녀 중 최근 1년 내 국내 프로스포츠 리그를 관람한 경험이 있는 자, n=459, 1순위, 단위: %]

	세대			
	Z세대	후기 밀레니얼세대	전기 밀레니얼세대	X세대
(Base)	(108)	(76)	(98)	(177)
주변 사람들이 권유·추천해서	30.6	23.7	16.3	15.3
특정 구단의 연고지라서	22.2	18.4	32.7	40.1
종합 스포츠 대회의 경기를 보고 (올림픽, 월드컵 등)	22.2	23.7	22.4	18.1
해당 스포츠를 플레이하고 있어서	8.3	7.9	4.1	5.6
온라인 커뮤니티의 글을 보고 (MLB파크, 네이버 스포츠 등)	7.4	5.3	5.1	5.6
특정 선수가 나오는 콘텐츠를 보고 (예능, 인터뷰 등)	6.5	13.2	12.2	10.2
해당 스포츠 소재의 콘텐츠를 보고 (예능, 드라마, 만화 등)	2.8	7.9	7.1	5.1

• Z세대 응답 기준으로 내림차순 정렬
• 출처: 〈세대별 프로스포츠 관람 및 응원 행태〉, 대학내일20대연구소, 2023.10.26.

가 신나는 팀, 굿즈를 활발하게 출시하는 팀, 음식이나 이벤트처럼 직관을 갔을 때 흥밋거리가 많은 구단 등 각양각색의 이유로 프로스포츠에 입문하고자 하는 사례를 쉽게 확인할 수 있다. 심지어 MBTI별로 응원하면 좋을 팀을 추천하는 콘텐츠까지 있을 정도다. 부모는 출신 지역 연고 팀을, 자녀는 선수나 마스코트 같은 취향에 따라 선택한 팀을 응원하면서 서로 다른 팀 유니폼을 입고 직관을 즐기는 가족의 유쾌한 모습이 중계 카메라에 잡히는 재밌는 풍경도 연출된다. 과거에는 연고를 중심으로 탄탄하고 끈끈한 코어 팬덤이 형성됐다면 Z세대가 취향과 지향에 따라 연결되며 만들어가는 팬덤은 라이트 팬덤에 가깝다.

라이트 팬덤이라고 해서 그 영향력이 마냥 가볍거나 일시적이기만 한 것은 아니다. 오히려 라이트 팬덤이 강화되면서 프로스포츠에서 즐길 수 있는 요소와 콘텐츠가 다채로워지고 있다. 경기를 비롯해 응원가, 굿즈, 마스코트나 특정 경기장에서 즐길 수 있는 음식, 이벤트까지 콘텐츠가 되면서 해당 스포츠의 역사나 스토리, 심지어 경기 규칙을 잘 모르고 응원하는 팀조차 없더라도 진입할 수 있을 만큼 문턱이 낮아졌다. 이런 선순환 덕에 다른 콘텐츠가 넘쳐나는 환경에서도 프로스포츠는 20대에게 매력적으로 느껴지기 시작했고 이를 즐기는 팬층도 더 크고 넓어지고 있다.

프로스포츠 입문의 또 다른 요인, 콘텐츠 다양화

변화가 가장 두드러지는 부분은 바로 프로스포츠 콘텐츠다. 과거 프로스포츠 콘텐츠라 하면 기본적으로 경기 하이라이트 영상 외에 뭔가를 떠올리기가 어려웠다. 그만큼 프로스포츠를 즐기는 팬들에게는 응원하는 팀의 경기력과 경기 결과가 가장 중요했다. 그러나 최근에는 경기 외적으로 팬들과 접점을 만드는 다양한 콘텐츠가 제작되면서 Z세대 라이트 팬덤의 입덕 요소가 되고 있다.

가장 대표적인 사례는 팀에서 자체적으로 선보이는 콘텐츠, 일명 '자컨(자체 제작 콘텐츠)'이다. 로커룸 비하인드 영상, 비시즌 기간에 진행되는 훈련, 출·퇴근길 직캠과 인터뷰 등 그간 팬들에게 공

라이트 팬덤의 입문을 돕는 구단 자체 콘텐츠_유튜브 '기아타이거즈 - 갸티비'

개되지 않던 부분까지 콘텐츠가 되고 있다. 또 응원가나 해당 구장에서 접할 수 있는 음식처럼 경기나 선수 외의 즐길거리도 상세히 보여준다. 프로스포츠의 재미를 A부터 Z까지 소개하는 이런 콘텐츠는 Z세대가 프로스포츠 입문 전 해당 구단이 내 취향에 맞는지 탐구하는 데 도움을 주고 있다. 게다가 프로스포츠 자컨은 여느 예능 프로그램 못지않은 재미와 완성도까지 갖춰 Z세대에게 긍정적인 반응을 얻으며 이들을 프로스포츠에 입덕시키는 주요 요인으로 자리매김하고 있다.

프로스포츠 중계 방식에도 변화가 있다. 과거 프로스포츠 중계는 경기 해설 위주다 보니 해설진의 입담 외에는 다른 재미 요소를

야구 찐팬의 리얼한 모습을 담은 예능 <찐팬구역>과 <야구대표자>_유튜브 '채널십오야', TVING

찾기 어려웠다. 그러나 최근에는 프로스포츠를 OTT 플랫폼에서도 즐길 수 있으며 지상파에 비해 콘텐츠 자유도가 보장된 만큼 예능 프로그램이 추구하는 재미 요소가 더해지고 있다. 일례로 쿠팡플레이는 라운드별 주목할 만한 프로축구 경기를 '쿠플픽'으로 선정하고 경기 시작 1시간 전 '프리뷰쇼'를 진행하는데 화제성 높은 셀럽이 출연해 마치 예능 프로그램이 연상되는 콘셉트로 인터뷰를 비롯한 다양한 재미를 제공한다. 또 구단 스토리를 담은 다큐멘터리를 제작해 송출하기도 하는데 OTT 플랫폼의 이런 콘텐츠는 유튜브 채널 자컨과 함께 라이트 팬덤 확장에 기여하고 있다.

한편 Z세대 팬덤에서 눈에 띄는 점은 팬끼리 즐기는 문화도 중요하게 생각한다는 것이다. Z세대는 팬만의 문화를 만들고 이를 즐기면서 교류하며 공감대를 형성한다. 팬들끼리 즐기는 모습만 담긴 팬 브이로그나 콘텐츠를 보는 팬의 리액션만 보여주는 리액션 영상이 인기를 끄는 이유가 바로 이것이다. 프로스포츠에도 팬의 모습을 조명하는 유사한 콘텐츠가 생기고 있다. 〈찐팬구역〉과 〈야구대표자: 덕후들의 리그〉 〈야구대표자: 입덕가이드〉가 대표적인 사례다. 특히 〈찐팬구역〉은 야구 경기 자체보다는 이를 즐기는 찐팬의 리액션을 가감 없이 보여주며 찐팬 반응과 함께 구단별 에피소드부터 야구의 여러 매력까지 자연스럽게 알게 해줌으로써 프로야구의 라이트 팬덤 형성을 이끌었다.

CHAPTER 18.

Z세대가 프로스포츠를 즐기는 방법

Z세대가 프로스포츠 직관을 하는 이유는 단순히 스포츠 경기를 보는 데 국한되지 않는다. 경기를 직관하러 가서도 경기 외적 요소를 다양하게 즐기고자 한다. 대학내일20대연구소의 조사 결과에 따르면 1년 내 최선호 리그를 직접 방문 관람한 이유로 세대나 성별에 관계없이 '경기 상황을 실제로 볼 수 있어서'라는 응답이 가장 많았지만 3순위까지 고려하면 '응원 문화'를 이유로 꼽는 비율이 높아지는 것을 알 수 있다. 특히 Z세대는 그 비율이 71.2%로 다른 세대에 비해 높게 나타난다.

Z세대에게 응원이란 경기에서 이기길 기원하는 부수적 요소가 아니다. 이들에게 응원은 직관을 가서 경험할 수 있는 하나의 매력적인 독립 콘텐츠다. 특정 구단을 응원할 만큼 찐팬이 아니더라도 한 번쯤 경험해보고 싶은 요소로 생각하기도 하고 경기 그 자체보다 응원 문화를 직접 경험하는 데 더 재미를 느끼기도 한다. 같은 마

Z세대에게 그 자체로 매력적인 콘텐츠가 된 응원

최선호 리그를 경기장에 직접 방문해 관람하는 이유 TOP 6

[Base: 전국 15~53세 남녀 중 최근 1년 내 최선호 리그를 직접 방문 관람한 자, n=310, 1순위 1+2+3순위, 단위: %]

	세대별							
	Z세대		후기 밀레니얼세대		전기 밀레니얼세대		X세대	
(Base)	(73)		(51)		(70)		(116)	
경기 상황을 실제로 볼 수 있어서	35.6	74.0	23.5	58.8	34.3	71.4	46.6	70.7
응원 문화가 재미있어서 (응원가, 치어리딩 등)	20.5	71.2	17.6	49.0	20.0	58.6	12.9	57.8
경기 중 선수의 모습을 가까이서 볼 수 있어서	17.8	38.4	21.6	47.1	18.6	57.1	20.7	56.9
경기장 먹거리를 즐길 수 있어서	11.0	37.0	21.6	52.9	11.4	32.9	6.0	34.5
경기 중 진행되는 이벤트가 재미있어서 (시구, 전광판 이벤트, 경품 추첨 등)	9.6	26.0	5.9	29.4	11.4	22.9	6.0	24.1
경기 후 선수와의 만남을 위해서 (팬미팅, 퇴근길 등)	2.7	11.0	7.8	15.7	2.9	17.1	2.6	12.9

• 출처: <세대별 프로스포츠 관람 및 응원 행태>, 대학내일20대연구소, 2023.10.26.

음을 가진 사람들과 한데 모여 열정적으로 뭔가를 응원하는 경험은 평소 일상에서는 쉽게 할 수 없기 때문이다.

"난 진짜 야알못•인데 사람들이 단합해서 응원하는 문화가 신기하고 응원 열기를 느끼는 재미가 있었어! 선수마다 등장 곡, 응원 춤이 다른 것도 신기하고 중간중간 이벤트도 재밌더라고." _제트워크 시즌14 참여자 냥이(H1061)

• '야구'와 어떤 분야에 지식이 없어 잘 알지 못한다는 의미의 '알못'이 더해진 신조어로 야구를 잘 모르는 사람을 지칭함

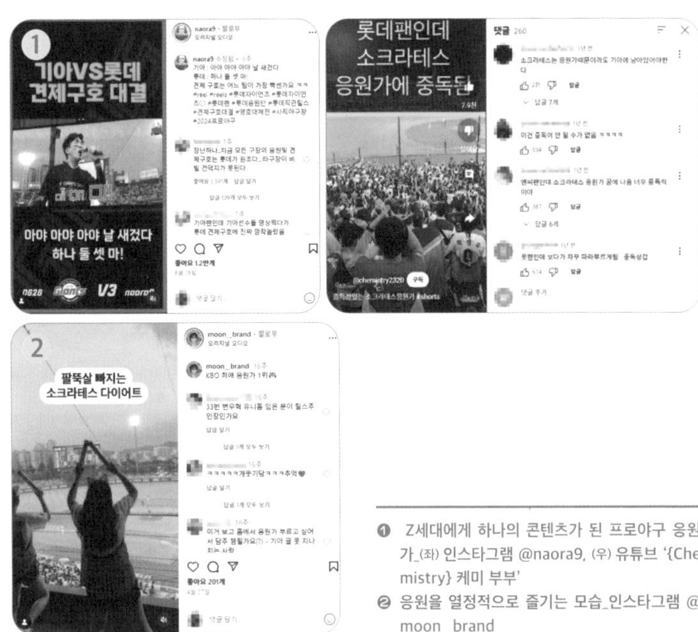

❶ Z세대에게 하나의 콘텐츠가 된 프로야구 응원가_(좌) 인스타그램 @naora9, (우) 유튜브 '{Chemistry} 케미 부부'
❷ 응원을 열정적으로 즐기는 모습_인스타그램 @moon_brand

이렇듯 종목별, 팀별로 고유한 응원 문화는 Z세대에게 특별한 재미로 다가온다. 예를 들어 프로야구에는 선수별 응원가가 있는데 이를 다 외우고 응원하는 팬들을 보며 진심을 느끼기도 하고 중독성 있는 특정 선수의 응원가를 노동요로 활용하기도 한다. 또 프로야구 롯데자이언츠의 "마!", 기아타이거즈의 "아야! 날 새겄다"처럼 지역별 사투리를 활용한 견제 응원에서 흥미를 느낀다. 그러다 보니 종목마다 고유한 응원 문화가 하나의 재밌는 콘텐츠로 향유되기도 한다. 특히 응원하는 팀과 관계없이 중독성 있는 응원가나 응원 문화가 숏폼 형태로 활발하게 공유되면서 소셜미디어에서 화제가 되는 등 파급력을 보인다.

어디서도 해볼 수 없는 경험이기도 하고 중독성 있는 재밌는 콘텐츠기도 한 응원 문화는 Z세대에게 그 자체로 매력적이다. Z세대는 응원 문화를 즐기는 데 진심이라 찐팬이 아니어도 직관을 갈 때면 응원가를 외워가기까지 한다. 실제로 Z세대는 가볍게 즐기는 라이트 팬덤을 자처하면서도 직관 시 응원가를 암기하는 비율이 30.1%에 달하는데 이는 다른 세대에 비해 높은 수치다.[23] 그만큼 이들에게 응원은 프로스포츠의 묘미이자 한 번쯤 경험해보고 싶은 문화인 것이다. 그럼 응원 문화 외에 프로스포츠를 즐기는 Z세대 모습에서 또 주목할 만한 부분은 무엇이 있을까?

▼

일상에서도 프로스포츠 굿즈 활용하기

프로스포츠 굿즈라고 하면 어떤 이미지가 떠오르는가? 응원봉과 응원기처럼 경기장에서 응원에 사용되는 소품이 먼저 떠오르는가? 굿즈가 마케팅 필수 요소가 된 굿즈의 시대에 놀랍게도 프로스포츠가 Z세대에게 굿즈 맛집이 되고 있다. 이전까지 프로스포츠 굿즈는 본격적으로 특정 팀의 팬이 된 후 소속감을 느끼기 위해 구매하는 대상으로 부수적 성격이 강했다면 최근 프로스포츠 굿즈는 팬이 아니라도 일상생활에서 활용하기 위해 구매하는 일상템으로 변모했다.

가장 대표적인 프로스포츠 굿즈는 바로 유니폼이다. 유니폼 입고 경기장에서 인증샷 남기기는 직관 필수 코스 중 하나다. 실제로

Z세대에게 필수 코스가 된 직관 인증샷_대학내일 조은진

코어팬이 아니라도 유니폼을 구매하고 즐기는 사례는 데이터로 쉽게 확인할 수 있다. 대학내일20대연구소의 조사 결과에 따르면 국내 프로스포츠 리그 굿즈 구매 경험자 중 63.6%가 유니폼 구매 경험이 있는 것으로 나타났다. Z세대 커뮤니티 제트워크에서 조사했을 때도 Z세대는 마음에 드는 프로스포츠 굿즈로 유니폼을 가장 많이 언급했으며 소속감뿐 아니라 패션 아이템으로 활용하기 위해 구매한다고 응답했다.[24] 즉, Z세대는 유니폼을 단순히 프로스포츠 직관 용도로만 활용하지 않고 일상의 한 부분에서 적극 활용한다.

이는 Z세대의 패션 트렌드와도 관계가 있다. 최근 몇 년간 패션 트렌드를 살펴보면 '○○ 코어'라는 이름의 다양한 스타일이 동시에 유행하고 있는데 그중 하나가 바로 블록코어다. 블록코어는 쉽게 설명하면 스포츠 유니폼을 일상복처럼 입거나 스포츠 유니폼과 일

❶ 프로스포츠 유니폼을 짐색으로 제작해주는 '이스코드'_인스타그램 @e_s_code
❷ 야구장 직관 필수 아이템 중 하나인 유니폼과 업사이클링 짐색_네이버 블로그 '소소'

상복을 믹스매치해 연출하는 패션이다.

또 Z세대 사이에서 인기를 끌고 있는 패션 아이템 중 하나가 '짐색Gym Sack'인데 짐색 트렌드에 프로스포츠 굿즈 문화가 더해지면서 자신이 소유한 유니폼을 짐색으로 리폼하는 사례도 쉽게 찾아볼 수 있다. Z세대 패션 트렌드와 프로스포츠의 연관성은 더욱 커지는 중이다.

최근에는 Z세대가 선호하는 브랜드 또는 캐릭터와 컬래버레이션한 굿즈도 늘고 있다. 가장 대표적인 것이 2024년 5월과 6월에 진행된 프로야구 팀 두산베어스와 이모티콘 '망그러진곰'의 컬래버레이션이다. 유니폼, 모자, 키링 등 다양한 굿즈를 출시했는데 온라인 판매는 서버 대란을 일으키며 전 상품 조기 품절되기도 했다. 또 다른 프로야구 팀 롯데자이언츠 역시 캐릭터 '짱구', '에스더 버니'와 컬래버레이션한 굿즈를 선보여 팬들 사이에서 큰 인기를 끌었다.

▼

로컬에서 '야푸' 즐기기

프로스포츠 하면 빼놓을 수 없는 또 하나의 즐길거리가 바로 음식이다. 아직까지 프로스포츠를 직관할 때 먹는 음식으로 치맥(치킨+맥주)만을 떠올린다면 Z세대가 즐기는 문화를 따라 경험해보길 추천한다. 소셜미디어에서는 야푸(야구+푸드) 같은 신조어가 생겨날 정도로 프로스포츠 직관 시 꼭 경험해야 하는 구단별 인기 메뉴가 먹킷 리스트로 활발하게 공유된다. 즉, 야푸가 하나의 트렌드로 자리 잡은 것이다.

대학내일20대연구소는《Z세대 트렌드 2024》에서 Z세대가 지역 특유의 정체성이 뚜렷한 공간을 선호한다는 점을 조명했다. Z세대에게 거리가 얼마나 멀고 가까운지는 그 지역을 방문하는 데 고려 요인이 되지 못하며 로컬 브랜드가 지역 정체성으로 여겨지면서 Z세대의 발길을 이끌고 있었다.

이런 현상은 프로스포츠 직관을 떠나는 Z세대의 모습에서도 나

프로야구 직관 필수 코스가 된 구장별 대표 음식 메뉴_대학내일 김주희

타난다. 로컬 맛집에서 음식을 경기장으로 배달시켜 즐기며 경기장별 고유 메뉴를 소셜미디어에 활발하게 공유한다. 심지어 로컬 맛집이 아예 경기장에 지점을 오픈하는 경우도 있다.

야푸를 위해 조금 색다른 방식으로 여행을 즐기기도 한다. 앞에서도 소개한 쿼턴 여행이 바로 그것이다. 예를 들면 대전에서 한화 이글스 홈경기를 직관하기 전 성심당을 방문하거나 야구장별 맛집으로 화제가 된 로컬 메뉴를 경험하기 위해 전통 시장을 찾는 등 경기 관람뿐 아니라 해당 지역의 위시리스트를 방문하며 로컬을 경험하는 방식으로 직관을 확장해 소비한다.

프로스포츠를 즐기는 Z세대의 모습에서 핵심은 이들이 단지 소속감을 얻고 이를 SNS에 공유하고자 프로스포츠를 선택하진 않았다는 점이다. Z세대는 다른 세대에 비해 개인의 지향이 세분화돼 있다. 따라서 프로스포츠의 라이트 팬덤 확장을 위해서는 이들이 즐길 수 있는 다양한 연결 고리를 만드는 것이 무엇보다 중요하다. 이들의 프로스포츠 입문은 라이트할지언정 그 열정의 무게는 결코

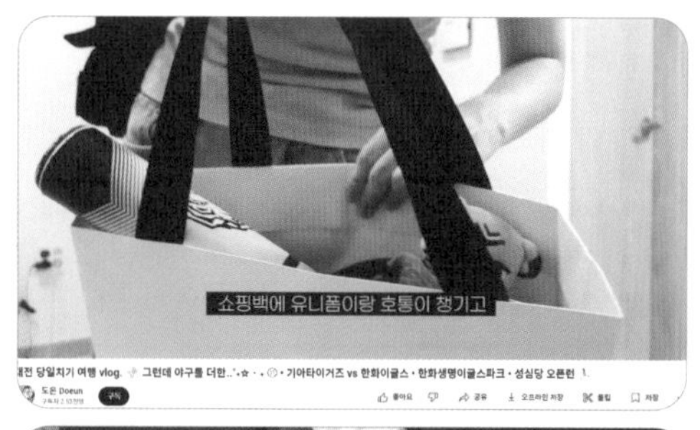

프로야구와 로컬을 즐기기 위해 당일치기 여행도 마다하지 않는 모습_유튜브 '도은 Doeun'

가볍지 않다. 스포츠는 물론이고 음식, 로컬을 즐기기 위해 번거로움을 마다하지 않으며 굿즈를 구하기 위해 기꺼이 오픈런을 하고 자신의 개성을 직접적으로 드러낼 수 있는 패션에 이를 활용하는 Z세대의 모습에서 열정의 무게를 직접 확인할 수 있다.

MOMENT 4.

알파세대

경험이 자산이 되는
알파세대

지금까지 불확실성과 개인 간 갈등이 극대화되고
영원한 불황이 예상되는 우하향 시대에
철학, 낭만, 정서적 교류, 휴머니티처럼 변하지 않는
본질적 가치가 다시 주목받는 모습을 확인했다.
그런데 이는 Z세대만의 특징이 아니다.
지금 이 시대가 요구하는 시대 감성이기에
동시대를 살아가는 다른 세대도 이를 추구하고
중시하기는 마찬가지다.
Z세대의 뒤를 잇는 알파세대의 부모,
밀레니얼세대와 X세대 가치관에서도 변하지 않는 본질을
추구하는 모습이 두드러진다.
그리고 이는 부모와 긴밀한 교류를 이어가며
영향력을 주고받는 알파세대 자녀에게 투영된다.
알파세대의 부모와 알파세대의 모습을 함께 살펴보며
현 시대 감성이 미래 세대에 어떤 영향을 미치는지
탐구해보자.

CHAPTER 19.

탄탄한 교류가 바탕이 된 취향 알고리즘

《Z세대 트렌드 2024》에서는 알파세대를 중심으로 한 가족의 변화를 다뤘다. 단순한 혈연이 아닌 정서적 교류로 더 견고하게 연결된 가족의 모습, 헌신적이지만 일방적이기도 했던 과거 부모상과 달리 자신의 지향을 지키며 자녀의 지향도 존중하고자 하는 부모의 모습이 특징적이었다. 한때 핵가족화를 비롯한 가족 소멸을 이야기한 적도 있으나 가장 작은 커뮤니티인 가족은 최근 구성원끼리 더 단단하게 연결돼 강한 영향력을 주고받고 있다.

미래 세대로 주목받는 알파세대가 앞으로의 시대를 어떻게 받아들이고 행동할지 가늠해보기 위해서는 그 부모도 함께 살펴봐야 한다. 부모가 중요하게 생각하는 것이 자연스럽게 양육관과 양육 방식에 투영돼 알파세대 가치관 형성에도 영향을 미치기 때문이다. 미래에 중요해질 가치를 확인하기 위해 직접 알파세대를 만나 인터뷰하고 그 부모의 가치관과 양육 방식, 환경을 조사했다.[25]

알파세대와 부모가 공유하는 취향 알고리즘

실제 알파세대를 만나 인터뷰하며 이들이 어떤 일상을 보내는지 확인하고자 하루 일과를 그려 와달라는 미션을 진행했다. 저마다 다니는 학원이나 여가 시간에 하는 일은 달랐지만 눈에 띄는 공통점이 있었다. 바로 온 가족이 함께 교류하는 시간이다.

한 인터뷰이의 하루 일과표에는 '오늘 이야기' 시간이 있다. 저녁을 먹고 난 뒤 가족이 모여 서로 일상을 이야기하는 시간으로 빨래 개기 같은 집안일을 함께하기도 하면서 그날 하루 있었던 일들을 나누며 시간을 보낸다. 하루 일과를 마치고 가족과 간식 시간을 갖는 것이 가족 문화라고 소개한 인터뷰이도 있었고 부모님과 함께 복싱을 배우러 다니며 취미를 공유하는 인터뷰이도 있었다. 이뿐 아니라 카카오톡 가족 그룹채팅방(이하 단톡방)에서도 활발한 소통과 취향 공유가 이뤄졌다. 한 알파세대가 보여준 가족 단톡방에는 볼링 이야기가 가득했다. 가족끼리 볼링을 자주 치러 다니다 보니 단톡방에서도 볼링 이야기를 많이 한다고 했다. 인터뷰이는 아빠가 공유한 볼링 관련 콘텐츠 링크를 최근 가장 재밌게 본 콘텐츠로 꼽았다.

이처럼 알파세대 자녀와 그 부모는 함께 교류하는 시간을 통해 자연스럽게 일상을 공유하고 있었다. 재밌는 점은 일상뿐 아니라 복싱, 볼링 같은 취미, 재밌게 본 콘텐츠처럼 관심사와 취향도 밀접하게 공유되고 있다는 것이다. 이는 데이터로도 확인할 수 있다. 초

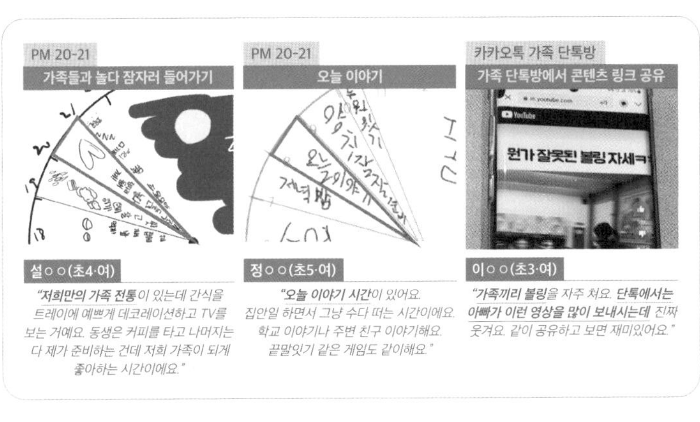

알파세대 일상 속 가족 간 교류 모습_알파세대 대상 인터뷰 결과

등학교 고학년 자녀를 둔 부모에게 '자녀와 소통 시 대화 주제'를 물었더니 '학교 생활(80.7%)' 같은 일상 외에도 '취미 생활(52.6%)', '인상 깊은 콘텐츠(40.4%)', '특별한 이벤트(31.6%)'에 관해 이야기한다고 응답했다.[26] 관심사나 취향을 공유하며 더 친밀하게 교류하는 모습이 두드러진다.

그러다 보니 재밌는 현상도 생겼다. 알파세대가 좋아하는 콘텐츠는 무엇이라고 생각하는가? 아마 초통령이라는 별명까지 붙은 아이돌 아이브나 다양한 어린이 콘텐츠로 인기몰이 중인 유튜버 '민쩌미' 등을 떠올렸을 것이다. 물론 이렇게 알파세대가 좋아할 법한 콘텐츠도 언급됐으나 예상치 못한 답변도 눈에 띄었다. 〈무한도전〉 〈슬램덩크〉 〈나루토〉처럼 이들이 태어나기도 전부터 오랜 사랑을 받아온 콘텐츠가 언급된 것이다. 의외의 결과에 알파세대에게 해당 콘텐츠를 좋아하게 된 계기를 물었다.

"아빠 OTT 계정을 함께 쓰는데요, 재생 목록에 있어서 한번 봤는데 재밌어서 계속 봐요." _이○○(초등학교 6학년)

"농구 이야기를 하다가 아빠가 <슬램덩크>를 추천해주셨어요." _이○○(초등학교 5학년)

"엄마가 어릴 때 재밌게 본 만화영화라고 <나루토>를 소개해주셨어요." _이○○(초등학교 3학년)

알파세대는 부모와 함께 쓰는 OTT, 유튜브 계정 알고리즘이나 부모의 직접적인 추천을 통해 부모 취향의 콘텐츠를 자연스럽게 접하고 있다. 앞에서도 살펴본 부모와의 긴밀한 취향 공유가 콘텐츠 소비에 영향을 준 모습이다. 이는 예상치 못한 뜻밖의 결과였다. 보통 어린 친구들은 또래의 영향을 많이 받을 것이라 생각하지만 실제로 살펴본 초등학생 알파세대는 콘텐츠 소비에 있어 부모의 영향을 더 많이 받고 있었다. 이들의 행태를 살펴보면 그 이유를 알 수 있다.

이전 세대는 대중매체인 TV로 콘텐츠를 처음 접했던 반면 알파세대는 처음부터 개인 취향을 토대로 콘텐츠를 추천하는 유튜브와 OTT로 콘텐츠를 접한다. 태어나면서부터 알고리즘 기반으로 콘텐츠를 소비해온 알파세대에게 콘텐츠란 '대중적인 것'이 아닌 '사적인 것'일 수밖에 없다. 그러다 보니 학교 친구들과 공유하는 콘텐츠를 물었을 때도 다음과 같은 반응이 나타났다.

"애들마다 보는 게 다 달라서 친구들이 뭘 많이 보는지 몰라요. 친구들이랑 유튜브 이야기를 많이 안 해요." _강○○(초등학교 5학년)

"쉬는 시간에 친구들이랑 연예인이나 유튜브 이야기 잘 안 하고 그냥 일상 이야기해요." _이○○(초등학교 6학년)

"제가 보는 거 이야기하면 애들이 싸한 반응이 나올 것 같기도 하고 다들 잘 안 볼 것 같아요." _서○○(초등학교 6학년)

친구마다 즐겨보는 콘텐츠가 다름을 명확히 인지하고 있다는 점과 내가 시청한 콘텐츠를 잘 공유하지 않는다는 점을 통해 알파세대가 콘텐츠를 사적인 영역으로 생각한다는 사실을 확인할 수 있다. 알파세대는 친구 사이에서 대중적으로 인기 있는 콘텐츠가 아닌 한 사적인 취향은 잘 나누지 않는다. 반면 부모와의 콘텐츠 취향 공유는 자연스럽다. 가족 내 정서적 교류가 증가하면서 부모와 취향과 관심사를 나누는 빈도가 늘어났기 때문이다.

또 연령 특성상 부모가 콘텐츠 시청을 관리하기 때문에 부모와 유튜브 및 OTT 계정을 공유하며 자연스럽게 부모가 소비하는 콘텐츠 알고리즘의 영향을 받는다는 점도 한몫했다. 일상에서 취향과 관심사의 밀접한 교류가 늘어난 만큼 콘텐츠 알고리즘을 공유하는 모습도 두드러지고 있다.

알파세대의 취향을 만들 첫 브랜드 경험

알파세대 자녀와 부모 간 취향 공유는 콘텐츠 외의 기타 소비에도 영향을 미친다. 알파세대 인터뷰이에게 좋아하는 브랜드를 물어보니 성인 타깃 브랜드를 선호하고 소비하는 업에이저Up-Agers• 특성이 두드러졌다.

한 인터뷰이는 좋아하는 의류 브랜드로 '자라'를 꼽았다. 엄마가 좋아해서 함께 쇼핑할 때 자주 가는 브랜드기도 하고 자신이 원하는 스타일의 옷도 많다는 이유였다. '나이키', '아디다스' 같은 스포츠 브랜드도 많이 언급됐는데 그 이유로 '부모를 통해 자주 접하기 때문'이거나 '친구 사이에서 유명해서'라는 답변이 많았다. 의류 브랜드 외에도 다양한 브랜드가 언급됐다. 가족과 주말에 카페를 자주 가는 인터뷰이는 특히 자주 가고 좋아하는 카페로 '스타벅스'를 꼽았다. 또 가족과의 여행 경험을 이야기하면서 그동안 방문한 숙소 중 나트랑에서 묵은 '알마 리조트'가 깔끔하고 좋아서 기억에 남는다거나 엄마와 함께 백화점에 가서 본 '미우미우'가 너무 예뻐서 좋아한다고 답한 인터뷰이도 있었다.

알파세대가 좋아한다고 언급한 브랜드는 대부분 성인 타깃 브랜드였는데, 브랜드 선호에 부모의 취향과 선택이 영향을 미치는 현상도 두드러졌다. 가족과 여가 시간을 함께 보내며 자연스럽게 부

• 어린 나이에 다양한 경험·정보를 습득해 이전 세대보다 나이에 비해 성숙한 모습을 보이는 알파세대의 특징

탬버린즈 손소독제, 라네즈 립밤

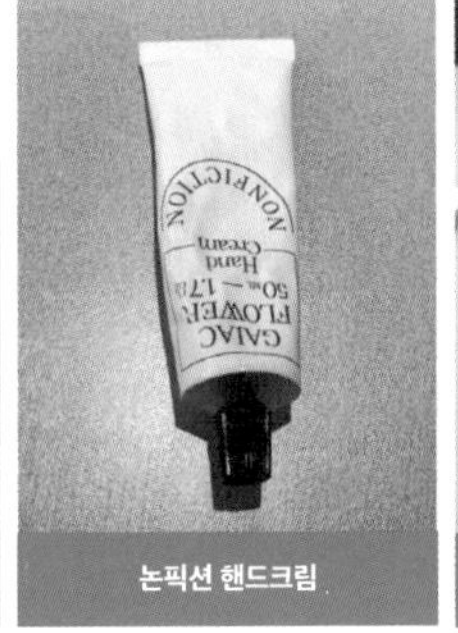

논픽션 핸드크림

스탠리 텀블러

알파세대 인터뷰이의 소지품_알파세대 대상 인터뷰 결과

모의 취향과 선택이 반영된 브랜드를 접하고 이를 기반으로 브랜드에 대한 인식과 선호를 형성한 것으로 보인다.

알파세대가 매일 갖고 다니는 소지품에서도 이런 경향이 나타났다. 이들은 '탬버린즈' 손소독제와 '라네즈' 립밤, '논픽션' 핸드크림, '스탠리' 텀블러처럼 주로 20~30대 사이에서 인기를 끄는 브랜드를 이용하는 모습이 눈에 띄었는데 이 또한 부모가 직접 챙겨주거나 부모 지인을 통해 선물받은 제품이었다. 알파세대가 일상에서 사용하는 소지품에도 부모의 선택과 취향이 반영된 것이다.

실제로 알파세대가 선호하는 브랜드 조사 결과도 마찬가지다.[27] 알파세대의 부모에게 자녀가 좋아하는 브랜드를 물어봤다. 20위 내 브랜드를 살펴본 결과 '레고(14.2%)', '닌텐도(2.8%)', '디즈니(1.8%)' 등 아동이 주 타깃인 브랜드보다 '나이키(25.4%)', '아디다스(11.1%)', '뉴발란스(5.1%)' 등 성인이 타깃인 브랜드가 상위에 언급됐다. 소비 면에서도 부모의 취향이나 선택이 알파세대에게 자연

성인 타깃 브랜드를 좋아하는 업에이저, 알파세대

알파세대 자녀가 좋아하는 브랜드 TOP 20

[Base: 초등학생 자녀가 있는 29~54세 부모, n=740, 주관식(1+2+3순위), 단위: %]

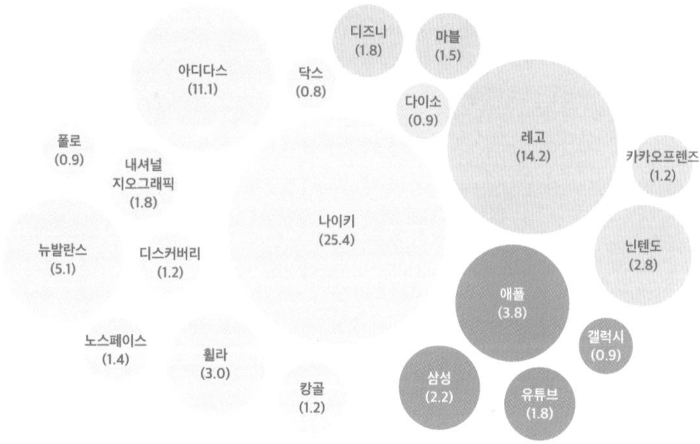

• 출처: <알파세대 탐구 보고서 2024>, 대학내일20대연구소, 2024.04.24.

스럽게 전이되며 초등학생 때부터 성인 브랜드를 선호하고 소비하는 모습을 확인할 수 있었다.

알파세대 자녀와 부모가 취향을 공유하는 모습은 캐릭터 소비 면에서도 드러난다. 초등학생 자녀가 있는 부모에게 자녀가 가장 좋아하는 아이템을 사진으로 찍어 제출하는 조사를 진행했다. 사진을 분석해보니 인형(45.2%)과 키링, 피규어 등 캐릭터 굿즈(19.0%)가 주로 나왔다. 알파세대다운 결과였다. 어떤 캐릭터 IP를 좋아하는지 살펴보니 '산리오', '카카오프렌즈', '포켓몬스터', '도라에몽', '잔망루피', '캐치! 티니핑', '나루토' 등 다양한 캐릭터 IP가 등장했

알파세대 자녀의 최애템_알파세대의 부모 대상 조사 결과

다. 이 중 가장 많이 눈에 띈 캐릭터 IP는 산리오, 카카오프렌즈, 포켓몬스터였는데 여기서도 한 가지 공통점이 발견된다. 바로 부모인 밀레니얼세대와 X세대가 과거부터 활발하게 소비해온 캐릭터라는 점이다. 이런 캐릭터 IP는 부모와 자녀가 공감대를 형성하는 매개체가 돼주고 있다.

이처럼 과거에 비해 부모와 자녀가 공감대를 형성할 수 있는 콘텐츠, 제품, 캐릭터 등 매개체가 훨씬 다양해지고 가족 간 취향 알고리즘 공유가 활발해지면서 부모와 자녀가 함께 즐길 수 있는 브랜드가 뜨고 있다. 먼저 MZ세대를 중심으로 인기를 끌고 있는 성인 브랜드가 키즈 라인으로 저변을 넓히는 모습이 눈에 띈다. 2030세대 사이에서 인기인 브랜드 '마르디 메크르디'와 '마리떼 프랑소와 저버'는 각각 키즈 라인인 '마르디 메크르디 레쁘띠'와 '마리떼 앙팡'을 선보였다. 온라인에서는 모녀 커플룩, 남매룩, 패밀리룩 등 해당 브랜드 제품을 이용해 가족끼리 유사한 무드로 옷을 맞춰 입은 사진을 흔히 볼 수 있다.

다채로운 색감과 개성 있는 디자인으로 MZ세대의 눈길을 사로잡은 라이프스타일 브랜드 '위글위글' 역시 '위글위글 키즈'를 론칭하고 패밀리룩으로 연출할 수 있는 로브, 수영복 등을 지속적으로 선보이고 있다. 자녀에게 아동복만 입히는 것이 아니라 자신이 좋아하는 브랜드를 공유하며 패밀리룩을 연출하고 싶은 부모의 니즈를 잘 겨냥한 사례다. 이에 더해 알파세대가 어릴 때부터 자연스럽게 브랜드 이미지를 인지할 수 있게 하는 효과적인 전략이기도 하다.

팝업 스토어 같은 공간 마케팅도 달라지고 있다. 원래 팝업 스토어는 주로 MZ세대의 전유물로 여겨져왔으나 최근에는 알파세대와 그 부모로까지 타깃을 넓힌 팝업 스토어가 늘어나고 있다. 대표적인 것이 중고차 거래 플랫폼 '헤이딜러'의 '헤이리틀' 팝업 스토어다. 헤이딜러는 알파세대와는 거리가 먼 브랜드지만 이들을 타깃으로 팝업 스토어를 여는 과감한 시도를 했다. 유아용 전동 자동차를 타고 드라이빙할 수 있는 체험 공간을 꾸미고 중고 장난감 자동차를 새 장난감 자동차나 상품권으로 바꿔주는 '자동차 거래소'를 운영한 것이다. 중고차 거래를 알파세대 타깃에 맞춰 '생애 첫 내 차 팔기'라는 콘셉트로 색다르게 풀어낸 점이 돋보인다. 자녀의 중고 장난감 자동차를 교환할 수 있다는 점에서 알파세대의 부모의 만족도도 높았다. 알파세대와 그 부모를 모두 만족시키는 브랜드 경험을 제공한 좋은 사례다.

알파세대의 부모는 자신의 취향을 자녀와 적극적으로 공유하고 콘텐츠나 브랜드를 함께 소비하며 더 긴밀하게 교류하고 공감대를 만들어가고자 한다. 알파세대 또한 부모의 취향을 하나의 자산처럼 물려받으며 자신만의 취향을 만들어가는 토대로 삼는다. 따라서 부모와 자녀가 함께 취향을 교류하며 정서적 유대감을 나눌 수 있게 하는 브랜드가 앞으로 더욱 각광받을 것으로 보인다.

CHAPTER 20.

지금 이 시대, 알파세대에게 중요한 것

지금 우리 시대는 급속도로 변화하고 있다. 2023년 초부터 주목받은 AI 같은 기술이 일상에 빠르게 녹아들면서 예상치 못한 변화를 주도하고 있다. 앞으로 몇 년 후에는 지금 정답이라고 생각하는 방식이 통하지 않는 시대가 올지도 모른다. 지금 이 시대 알파세대의 부모가 중요하게 생각하며 자녀에게 물려주고자 하는 가치는 무엇일까? 이를 알아보기 위해 알파세대의 부모에게 앞으로의 시대에 자녀에게 필요한 교육은 무엇이라고 생각하는지 물었다.

▼

앞으로의 시대, 알파세대의 부모가 중시하는 가치

AI, 코딩 등 디지털 기술의 중요성이 증가하고 있음에도 부모가 가장 중요하게 생각하는 교육은 '인성·사회성(76.7%)'과 '문해력·독

알파세대의 부모가 중시하는 가치

앞으로의 시대에 자녀에게 필요한 교육 Top 10

[Base: 초등학생 이하 자녀가 있는 29~54세 부모, n=1000, 1순위 1+2+3+4+5순위, 단위: %]

구분	전체	세대별		
		후기 밀레니얼세대	전기 밀레니얼세대	X세대
(Base)	(1000)	(220)	(400)	(380)
인성·사회성	39.8 76.7	39.5 74.5	38.8 75.3	41.1 79.5
문해력·독서	12.4 61.9	7.7 50.9	14.0 63.0	13.4 67.1
경제	10.4 61.5	9.5 55.5	11.0 62.5	10.3 63.9
영어	9.4 49.5	10.9 51.4	9.3 52.3	8.7 45.5
인공지능AI 활용	7.3 43.3	5.9 43.6	8.5 45.5	6.8 40.8
수학·과학	5.0 29.8	4.5 25.0	5.0 31.5	5.3 30.8
코딩·프로그래밍	4.0 31.0	5.9 38.6	3.5 31.8	3.4 25.8
생존·응급 상황 대처	3.8 38.8	5.5 42.3	2.5 36.8	4.2 38.9
예술·예능 관련 영역	2.9 31.4	2.7 35.5	3.5 29.8	2.9 30.8
제2외국어	2.9 25.0	3.6 31.8	2.5 22.3	2.9 23.9

• 출처: <알파세대 탐구 보고서 2024>, 대학내일20대연구소, 2024.04.24.

서(61.9%)'로 나타났다.[28] 교육 면에서도 다른 사람과 교류하고 소통하는 데 기본이 되는 인성이나 스스로 생각할 수 있는 힘을 길러주는 문해력 등 근본적이고 본질적인 가치를 중요하게 여기는 것이다.

알파세대의 부모에게 자녀에게 물려주고 싶은 자산을 물어본 결과도 유사하게 나타났다. 보통 자산이라고 하면 돈이나 주식, 부동산 같은 물질적 자산을 생각할 것이다. 그러나 초등학생 자녀가 있는 29~54세 부모에게 물어본 결과,[29] 물질적 자산뿐 아니라 좋은 습관, 다양한 경험, 취미·취향이나 자존감의 토대가 될 정서적 교류 경험, 성실함·배려·인내처럼 삶에 필요한 태도를 물려주고자 하는 모습이 눈에 띄었다.

"다양한 경험을 통해 본인에게 맞는 길을 선택했으면 해요." _부모 인터뷰이(41세, 초등학교 2학년 남학생 부모)

"부모와의 추억을 많이 만들어주고 싶어요. 자존감이나 정서적 안정감 형성에 도움이 될 거라고 생각해요." _부모 인터뷰이(31세, 초등학교 1학년 여학생 부모)

"앞으로 살아가는 데 성실함이나 배려가 중요한 가치라고 생각해요. 이런 태도를 물려주고 싶어요." _부모 인터뷰이(42세, 초등학교 4학년 남학생 부모)

물질적 자산의 경우도 단순히 자산만 물려주는 것이 아니라 주식을 통해 자연스럽게 재테크나 경제관념을 배워 스스로 돈 버는 능력을 키우길 바라고 있었다. 즉, 직접적인 자산이나 스킬을 물려주기보다 자신에게 처한 문제를 스스로 해결해나갈 수 있는 본질적 능력의 교육을 중요하게 생각하는 경향이 두드러졌다.

디지털 시대에 중요해지는 아날로그 경험

교육에서 인성·사회성, 문해력, 다양한 경험을 중시하면서 나타난 변화도 있다. 대표적인 것이 '거실 서재화'다. 최근 알파세대의 부모 사이에서는 자기주도적 학습 환경을 조성하고 아이 스스로 생각하고 사고하는 능력을 길러주기 위한 방법으로 거실 서재화 교육법이 떠오르고 있다. 관련 팁을 공유하는 유튜브 영상도 쉽게 찾아볼 수 있고 실제로 거실 서재화를 시도한 부모도 많다. 초등학생 자녀가 있는 부모 210명에게 자녀 책상 위치를 물었을 때 38.0%가 거실에 자녀 책상을 뒀다고 답해[30] 이 교육법의 인기를 증명했다.

거실 서재화의 핵심은 거실에 TV 대신 책장과 책상을 두는 물리적 환경 변화가 아니다. 본질은 자연스러운 학습 분위기 조성이다. 이를 위해 부모는 자녀만 공부하게 하는 것이 아니라 부모도 함께 거실에서 책을 읽거나 공부하면서 자녀와 자연스럽게 교류하며 공부할 수 있는 분위기를 만든다. 여가 시간뿐 아니라 학습 시간에도 자녀의 교류를 중시하는 경향이 읽힌다.

알파세대의 부모가 거실 서재화를 하려는 이유는 또 있다. 바로 아이 스스로 생각하며 사고력을 키울 수 있는 환경을 만들어주는 것이다. '디지털 온리Digital Only•'인 알파세대는 태어나는 순간부터 스마트폰과 태블릿 PC 같은 퍼스널 디바이스를 통해 디지털을 접

• 태어나면서부터 스마트폰과 함께해 아날로그 경험이 전혀 없는 알파세대의 특징

거실 서재화 방법을 알려주는 콘텐츠_유튜브 '민주쌤육아일기'

한다. 실제 알파세대의 디지털 기기 보유율을 확인해본 결과, 초등학교 고학년의 스마트폰 보유율은 90.5%에 달하고 10명 중 5명(48.9%)은 태블릿PC도 소지하고 있었다.[31] 이처럼 알파세대에게 디지털이 집중과 몰입의 공간이라면 부모나 친구와 자연스러운 만남이 생기고 대상을 직접 만지고 경험하며 익히는 아날로그 환경은 교류와 확장의 공간이다.

방 안 책상보다 넉넉한 거실 테이블과 작은 화면이 아닌 널찍한 백지는 아이가 생각을 확장하는 데 더 탁월한 환경이 돼준다. 가정에서 거실 서재화를 실천하고 있는 한 알파세대는 거실 공부를 이렇게 이야기하기도 했다.

> "집중해야 하거나 그냥 따라 하면 되는 숙제는 방에서 온라인으로 해요. 수학이나 생각해서 해야 하는 것은 거실 공용 테이블에서 종이에 쓰면서

거실 서재화를 실천한 모습_알파세대의 부모 대상 조사 결과

하는 게 더 잘돼요. 공간이 넓으니까 (생각도) 넓어지는 느낌이에요." _정○○(초등학교 5학년)

이와 함께 문해력·독해력 향상을 위해 책과 신문을 활용하는 아날로그 학습도 인기다. 종이 신문 교육을 위한 도서도 출간되고 있는데 만화나 캐릭터 없이 텍스트로만 구성된 신문 모음집《아홉 살에 시작하는 똑똑한 초등신문》이 그 예다. 가정에서 학습하는 학습지 브랜드도 이런 니즈를 포착해 독해력·어휘력을 길러주는 교육 콘텐츠를 선보이고 있다. 알파세대 인터뷰이가 사전에 제출한 책상 사진에서도 관련 학습지를 볼 수 있었는데 문해력을 기르기 위해 가정에서 부모와 별도로 공부하는 '집 숙제용 학습지'라고 답변했다. 이처럼 알파세대의 부모는 아이의 문해력·독해력 향상을 위

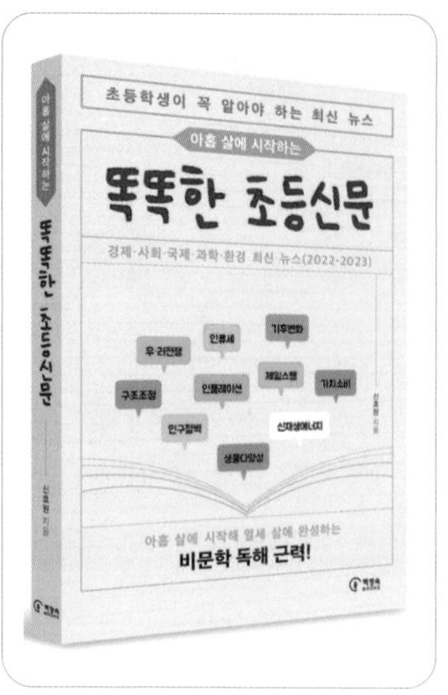

문해력을 길러주는 책_신효원, 《아홉 살에 시작하는 똑똑한 초등신문》, 책장속북스

해 교육 환경뿐 아니라 정규 교과과정 외의 아날로그 교육을 주도하는 등 다방면으로 노력하고 있다.

알파세대의 부모는 자녀가 평소 경험하지 못하는 다양한 아날로그 경험을 직접 해볼 수 있는 체험 학습에도 적극적이다. 아이 정서 발달에 도움이 되는 흙 놀이 체험 교육기관 '고마워토토'가 대표 사례다. 가족 여행을 떠날 때도 자녀가 아날로그 경험을 해보도록 '촌캉스'를 선택한다. 각 지자체는 이런 니즈를 포착해 지방에서의 전원생활을 지원하는 여러 프로그램을 선보이고 있다. 충북 괴산에서는 아이에게는 시골 학교 체험을, 부모에게는 자연에서의 힐링을 제공하는 '아이유IU학 프로젝트'를 진행해 주목받았다. 특히 서울교육청이 농촌 유학에 적극적이다. 서울교육청은 2021년 농촌 유학을 처음 시작했으며 전남을 시작으로 전북, 강원까지 확대해 진행하

촌캉스를 경험할 수 있는 괴산 아이유학 프로젝트_네이버 블로그 '충북 괴산 아이유학'

고 있다. 서울교육청에서 진행한 농촌 유학 참여자는 2021년 1학기 81명이었는데, 해를 거듭할수록 참여자가 늘어 2024학년도 1학기 총 302명이 참여할 정도로 규모가 커졌다. 서울교육청의 농촌 유학은 좋은 평가를 받으며 전국적으로 확산하는 추세다.[32]

디지털 시대, 가치가 희미해질 것으로 보였던 아날로그는 오히려 그 가치를 더해가고 있다. 디지털 생활의 부작용을 경계하는 의식이 높아지면서 디지털 사회와 아날로그 사회를 모두 겪은 부모 세대는 아이에게 두 경험의 균형을 맞춰주기 위해 노력한다. 앞으로의 시대에 반드시 필요한 것은 인성, 사회성, 문해력 등 스스로 사고하고 해결할 수 있는 능력이라고 생각하며 이를 채워줄 수 있는 본질적이고 근본적인 가치를 중요하게 여기기 때문이다. 디지털 환경이 기본값이 된 사회에서 그 반대편에 선 아날로그 경험은 앞으로도 더욱 주목받을 것으로 보인다.

감사의 글

덕분에 16번째 책을 무사히 출간했습니다

어느덧 16번째 책입니다. 국내 유일무이한 세대 특화 트렌드 연구 기관으로서 한 해 연구의 결정체인 트렌드 도서를 16번이나 냈다는 사실이 감개무량합니다. 늘 정성을 다해 세대 연구와 트렌드 연구에 몰입해준 대학내일20대연구소 구성원 덕분입니다. 진심으로 감사드립니다.

바쁜 와중에도 기꺼이 시간을 내 흥미로운 트렌드 사례와 인사이트를 보태준 대학내일ES '오늘의 방식 분과'와 '트렌드 리딩 그룹' 그리고 곧 다가올 2025 T.CON 준비로 밤낮 고생 중인 T.CON TFT의 '세션기획그룹' 구성원에게도 감사의 말씀 드립니다. 여러분이 던져준 단서들이 첫 단추와 마지막 단추를 끼우는 데 큰 도움이 됐습니다.

일상과 생각을 전해준 제트워크 시즌 12, 13, 14, 15 여러분이 아니었으면 이 책이 완성되지 못했을지도 모릅니다. 고맙습니다.

늘 물심양면으로 지원과 응원을 아끼지 않는 대학내일ES와 관계사 모든 임직원분에게도 감사드립니다.

그리고 두말할 필요 없이 너무나 든든한 파트너, 위즈덤하우스에도 고개 숙여 감사 인사를 드립니다.

출처

사진 출처

CHAPTER 1

- 18쪽. 원영적 사고 GPT 이용 화면
- 20쪽. X의 ○○적 사고 관련 글 재구성
- 21쪽. 인스타그램 @god_seung
- 29쪽. 저자 제공
- 30쪽. 대학내일 김다희

CHAPTER 2

- 37쪽. 인스타그램 @desker_lounge_hd
- 40쪽. 인스타그램 @official_timespace

CHAPTER 3

- 46쪽. X의 저속노화 관련 글 재구성
- 53쪽. 유튜브 '유주얌 YUJUYAM'
- 54쪽. 네이버 블로그 '송투송'
- 56쪽. 유튜브 '장동선의 궁금한 뇌'
- 59쪽. (위) 대학내일 박종남 (아래) 인스타그램 @1p_news

CHAPTER 4

- 65쪽. 유튜브 'Orosina 오로시나'

ISSUE 2의 결론

- 68쪽. 인스타그램 @alloso_official

CHAPTER 5

- 78쪽. 유튜브 '유병재'

CHAPTER 6

- 81쪽. 인스타그램 @lanline.unnie
- 82쪽. 대학내일 조유진
- 85쪽. 유튜브 'Business Sound', 유튜브 'YOUnique'

CHAPTER 7

- 90쪽-1. 인스타그램 @2310_leesamsip
- 90쪽-2. 고양이 밈을 활용한 릴스 콘텐츠 재구성
- 93쪽. 인스타그램 @dreamy_eon

ISSUE 3의 결론

- 99쪽. 대학내일ES

CHAPTER 9

- 112쪽. 네이버 블로그 'Peace and Love', 네이버 블로그 '빙글빙글 돌아가는'
- 113쪽. 인스타그램 @jnyounge
- 115쪽. 인스타그램 @saengmag
- 117쪽. 김창완, 《찌그러져도 동그라미입니다》, 웅진지식하우스
- 120쪽. 인스타그램 @village_pops
- 122쪽. 인스타그램 @oysters.999

CHAPTER 10

- 126쪽. tvN
- 128쪽. 유튜브 '인생 녹음 중'
- 131쪽. 틱톡 @plave_forever
- 133쪽. 네이버 웹툰 캐릭터챗 이용화면

ISSUE 4의 결론

- 136쪽. 인스타그램 @munhakdongne
- 138쪽. 인스타그램 @manumanukant

CHAPTER 12

- 153쪽. 유튜브 '연지감성'

CHAPTER 13

- 157쪽. 유튜브 '온리현 onlyhyun'
- 159쪽. 위시버킷
- 161쪽. 후루츠패밀리

CHAPTER 14

- 166쪽. 대학내일 김소희
- 167쪽. 김민경

CHAPTER 15

- 171쪽. 안수빈
- 173쪽. 유튜브 '린로그 rinlog'
- 174쪽. 네이버 블로그 '수수의 여행 기록'

CHAPTER 16

- 177쪽-1. 춘천 감자밭 공식 스마트스토어
- 177쪽-2. 인스타그램 @gumi_ramyeon

CHAPTER 17

- 186쪽. 유튜브 '기아타이거즈 - 갸티비'
- 187쪽. 유튜브 '채널십오야', TVING

CHAPTER 18

- 191쪽-1. (좌) 인스타그램 @naora9, (우) 유튜브 '(Chemistry) 케미 부부'
- 191쪽-2. 인스타그램 @moon_brand
- 193쪽. 대학내일 조은진
- 194쪽-1. 인스타그램 @e_s_code
- 194쪽-2. 네이버 블로그 '소소'
- 196쪽. 대학내일 김주희
- 197쪽. 유튜브 '도은 Doeun'

CHAPTER 19

- 203쪽. 알파세대 대상 인터뷰 결과
- 207쪽. 알파세대 대상 인터뷰 결과
- 209쪽. 알파세대의 부모 대상 조사 결과

CHAPTER 20

- 216쪽. 유튜브 '민주쌤육아일기'
- 217쪽. 알파세대의 부모 대상 조사 결과
- 218쪽. 신효원, 《아홉 살에 시작하는 똑똑한 초등신문》, 책장속북스
- 219쪽. 네이버 블록, '충북 괴산 아이유학'

표 출처

CHAPTER 1

- 23쪽. 긍정적 사고가 담긴 2020년대 신조어와 밈, 저자 제공

CHAPTER 2

- 34쪽. 2022~2024년 교보문고 베스트셀러 목록 비교, 교보문고

CHAPTER 3

- 49쪽. 노화 키워드의 주요 연관어 변화, AI 기반 빅데이터 분석 전문 기업 뉴엔AI LUCY2.0 기반 자체 검색
- 51쪽. 혈당 키워드의 소셜미디어 언급량 추이, AI 기반 빅데이터 분석 전문 기업 뉴엔AI LUCY2.0 기반 자체 검색
- 51쪽. 혈당 키워드의 주요 연관어 변화, AI 기반 빅데이터 분석 전문 기업 뉴엔AI LUCY2.0 기반 자체 검색

ISSUE 3의 결론

- 97쪽. 키링과 숙취해소제의 의미 변화, (좌) <굿즈 문화 빅데이터 트렌드 분석>, 대학내일20대연구소, 2023.09.25. (우) <소셜 빅데이터로 본 2023 음주 트렌드>, 대학내일20대연구소, 2023.07.13., 2024년 데이터 추가 분석

CHAPTER 8.

- 105쪽. 낭만의 소셜미디어 언급량 추이 변화, AI 기반 빅데이터 분석 전문 기업 뉴엔AI LUCY2.0 기반 자체 검색

CHAPTER 9.

- 118쪽. Z세대가 생각하는 핀터레스트 감성과 인스타그램 감성 비교, 저자 제공
- 118쪽. 핀터레스트, 인스타그램과 패션을 조합한 소셜미디어 언급량 추이, <2024년 패션 트렌드를 통해 살펴본 Z세대의 특징>, 대학내일20대연구소, 2024.07.17.

CHAPTER 11

- 147쪽. 추구미와 손민수 소셜미디어 언급량 비교, AI 기반 빅데이터 분석 전문 기업 뉴엔AI LUCY2.0 기반 자체 검색
- 147쪽. 연관어를 바탕으로 분석한 손민수와 추구미의 속성 비교, AI 기반 빅데이터 분석 전문 기업 뉴엔AI LUCY2.0 기반 자체 검색

CHAPTER 12

- 151쪽. 패션·뷰티·인테리어에서 추구미 고려 정도, <[인사이트보고서] 2024 패션

트렌드를 통해 살펴본 Z세대의 특징>, 대학내일20대연구소, 2024.07.17.

CHAPTER 14

- 168쪽. 연령별 로컬 감성 연관어 비교, 썸트렌드 클라우드Sometrend Cloud 기반 자체 검색

CHAPTER 16

- 178쪽. 연령별 지역 축제 키워드 검색 비중, 블랙키위 기반 자체 검색

CHAPTER 17

- 182쪽. 국내 프로야구 관심도 변화, <프로야구에 대한 여론조사>, 한국갤럽, 2024.04.02.
- 184쪽. 프로스포츠 최最선호 리그의 결정적 관심 계기, 〈세대별 프로스포츠 관람 및 응원 행태>, 대학내일20대연구소, 2023.10.26.

CHAPTER 18

- 190쪽. 최선호 리그를 경기장에 직접 방문해 관람하는 이유 TOP 6, 〈세대별 프로스포츠 관람 및 응원 행태>, 대학내일20대연구소, 2023.10.26.

CHAPTER 19

- 208쪽. 알파세대 자녀가 좋아하는 브랜드 TOP 20, <알파세대 탐구 보고서 2024>, 대학내일20대연구소, 2024.04.24.

CHAPTER 20

- 213쪽. 앞으로의 시대에 자녀에게 필요한 교육, <알파세대 탐구 보고서 2024>, 대학내일20대연구소, 2024.04.24.

미주

1. <[IVE LOG] 원영 in SPAIN | 녕로그>, 유튜브 IVE, 2023.09.13.
2. "[Editor's View] 젊은 불교, 힙한 불교 "통했다!"… '2024서울국제불교박람회' 현장 스케치", <매일경제>, 2024.04.12.
3. "[Z가뭔데] 아직 마흔은 아니지만 '쇼펜하우어'를 읽습니다(영상)", 〈더팩트〉, 2024.06.16.
4. "Z세대에게 '책 읽기=힙한 것'… 2024 상반기 도서 이슈", 〈MBN뉴스〉, 2024.07.22.
5. "느리게 늙는 '저속노화' 주목… '이 식단'으로 실천 가능", 《헬스조선》, 2024.03.27.
6. 제트워크 시즌 14 참여자 대상 '관계 행태 및 인식' 조사, 대학내일20대연구소, 2024.08.01.
7. "[2022 케이팝 오타쿠 발표회] 내가 사랑했던 모든 남자들에게: 빅뱅부터 엔시티까지", 유튜브 '혜린'
8. <[데이터] 관계·커뮤니케이션 정기조사 2024>, 대학내일20대연구소, 2024.02.23.
9. <[데이터베이직] 일·직업·직장(2023년 6월)>, 대학내일20대연구소, 2023.06.12.
10. 인스타그램 패스트페이퍼 @fastpapermag
11. <[데이터] 미디어·콘텐츠·플랫폼 정기조사 2024>, 대학내일20대연구소, 2024.03.21.
12. "29CM "내 취향을 받아라"… '선물하기' 거래액 2배 증가", 《머니S》, 2024.05.16.
13. <굿즈 문화 빅데이터 트렌드 분석>, 대학내일20대연구소, 2023.09.25.
14. <소셜 빅데이터로 본 2023 음주 트렌드>, 대학내일20대연구소, 2023.07.13.
15. "도파민 마케팅 vs 반도파민 마케팅", <캐릿>, 2024.01.29.
16. 제트워크 시즌 14 참여자 대상 '낭만의 의미' 조사, 대학내일20대연구소, 2024.06.24.
17. "조석·기상호와 수다 떠는 '캐릭터챗'… "웹툰 세계관·말투까지 학습"", <연합뉴스>, 2024.07.19.
18. "어렵다고 외면하면 뒤처진다 꼭 알아야 할 최신 AI 놀이 문화", <캐릿>, 2024.07.04.

19. 제트워크 시즌 14 참여자 대상 '로컬에 대한 인식 및 소비 행태' 조사, 대학내일20대 연구소, 2024.08.05.
20. "'로컬 힙'이 뜬다! 2024 로컬 마케팅 이렇게 하세요", <캐릿>, 2023.12.13.
21. "K리그 1, 91G 만에 100만 관중 돌파… 2013년 승강제 도입 후 가장 빠른 속도", <동아일보>, 2024.06.01.
22. "V-리그 관중 수, 작년보다4.5% 증가… 총 58만 6514명", <노컷뉴스>, 2024.04.05.
23. <세대별 프로스포츠 관람 및 응원 행태>, 대학내일20대연구소, 2023.10.26.
24. 상동
25. <알파세대 탐구 보고서 2024>, 대학내일20대연구소, 2024.08.27.
정성조사: 초등학교 3~6학년 알파세대 10명 대상 1:1 인터뷰 조사
정량조사: 초등학생 자녀가 있는 29~54세 기혼 남녀 1000명 대상 가치관 및 양육 행태 파악
미션 서베이: 초등학생 자녀가 있는 29~54세 기혼 남녀 210명 대상 알파세대 자녀의 학습 환경, 취향과 관련된 사진 수집 및 의견 청취
26. <[데이터] 관계·커뮤니케이션 정기조사 2024>, 대학내일20대연구소, 2024.02.23.
27. <알파세대 탐구 보고서 2024>, 대학내일20대연구소, 2024.04.24.
28. 상동
29. 상동
30. 상동
31. 상동
32. "[취재노트] 확대되는 농촌유학, 정부도 지원 방안 마련해야", <교육플러스>, 2024.06.12.

《Z세대 트렌드 2025》 집필진

원고를 직접 집필하거나 집필 과정에 참여하신 분들입니다.

- 이재흔 대학내일20대연구소 파트장 (집필책임)
- 호영성 대학내일20대연구소 소장
- 김혜리 대학내일20대연구소 파트장
- 송혜윤 대학내일20대연구소 선임연구원
- 신지연 대학내일20대연구소 선임연구원
- 김성욱 대학내일20대연구소 매니저
- 문다정 대학내일20대연구소 연구원
- 정채현 대학내일20대연구소 연구원
- 황우람 대학내일20대연구소 연구원
- 박지원 대학내일20대연구소 매니저
- 함지윤 대학내일20대연구소 연구원
- 장지성 대학내일20대연구소 선임연구원
- 신효원 대학내일20대연구소 연구원
- 이은재 대학내일20대연구소 파트장
- 김다희 대학내일20대연구소 선임매니저
- 지승현 대학내일20대연구소 선임연구원
- 김유라 대학내일20대연구소 연구원
- 유경민 대학내일20대연구소 인턴
- 조유진 대학내일20대연구소 인턴

대학내일ES 오늘의 방식 분과 & 트렌드 리딩 그룹 & T.CON25 세션기획그룹

Z세대 특성과 트렌드를 정리하는 과정에서 다양하고 풍부한 시각을 더해주신 분들입니다.

강지인 마케팅커뮤니케이션5팀 팀장 / 김동주 51퍼센트 대표 / 김별 익스피리언스플래닝2팀 선임매니저 / 김서희 마케팅커뮤니케이션9팀 매니저 / 김성환 익스피리언스플래닝6팀 선임매니저 / 김수연 익스피리언스플래닝5팀 선임매니저 / 김재헌 N-HR연구소 소장 / 김현진 인재성장팀 매니저 / 서재경 미디어콘텐츠제작1팀 파트장 / 이윤경 인재성장팀 팀장 / 이혜인 캠페인파트너팀 팀장 / 정은우 인사이트전략본부 본부장 / 정지수 마케팅 커뮤니케이션9팀 선임매니저 / 조지은 마케팅커뮤니케이션1팀 파트장 / 차정기 비즈니스팀 책임매니저 / 현새샘 마케팅커뮤니케이션2팀 매니저 / 홍승우 미디어센터 센터장

제트워크 시즌 12, 13, 14, 15

대학내일20대연구소에서 운영하는 제일 트렌디한 Z세대 커뮤니티 '제트워크'에 참여해 실시간으로 Z세대의 의견과 일상을 전달하는 서포터즈가 돼주신 분들입니다.

포지티브 모멘텀, 불안의 시대를 지나는 Z세대의 생존법

Z세대 트렌드 2025

초판 1쇄 발행 2024년 10월 16일
초판 3쇄 발행 2024년 11월 22일

지은이 대학내일20대연구소
펴낸이 최순영

출판2 본부장 박태근
경제경영 팀장 류혜정
편집 진송이
디자인 김태수

펴낸곳 ㈜위즈덤하우스 **출판등록** 2000년 5월 23일 제13-1071호
주소 서울특별시 마포구 양화로 19 합정오피스빌딩 17층
전화 02) 2179-5600 **홈페이지** www.wisdomhouse.co.kr

ISBN 979-11-7171-286-1 03320